INTENSIFICANDO A LUZ INTERIOR

Desenvolvimento pessoal –
Com base no livro *A República*, de Platão

Paulo Hayashi Jr.

INTENSIFICANDO A LUZ INTERIOR

Desenvolvimento pessoal –
Com base no livro *A República*, de Platão

EDITORA
IDEIAS&
LETRAS

Preparação e Revisão
Hanna Késia dos Santos Lima
Thalita de Paula

Diagramação
Airton Felix Silva Souza

Capa
Felipe Alves

1ª impressão

EDITORA IDEIAS & LETRAS

Avenida São Gabriel, 495
Conjunto 42 - 4º andar
Jardim Paulista – São Paulo/SP
Cep: 01435-001
Televendas: 0800 777 6004
vendas@ideiaseletras.com.br
www.ideiaseletras.com.br

Dados Internacionais de Catalogação na Publicação (CIP) de acordo com o ISBD

H413i Hayashi Jr., Paulo

Intensificando a luz interior: Desenvolvimento pessoal – Com base no livro A República, de Platão / Paulo Hayashi Jr. - São Paulo : Ideias & Letras, 2022.
120 p. : il. ; 13,3cm x 20,6cm. – (Filosofia e atualidades)

Inclui bibliografia.
ISBN: 978-65-87295-22-0

1. Autoajuda. 2. Autodescobrimento. 3. Platão. I. Título.

2021-4488 CDD 158.1
CDU 159.947

Elaborado por Vagner Rodolfo da Silva - CRB-8/9410
Índices para catálogo sistemático:
1. Autoajuda 158.1
2. 2. Autoajuda 159.947

Aos grandes mestres que se
sacrificaram em prol do amor a
Deus e à humanidade.

O que vale na vida não é o ponto de partida e sim a caminhada. Caminhando e semeando, no fim terás o que colher.

Cora Coralina

Sumário

Prefácio

A obra conhecida como *A República*, de Platão, constitui um marco indiscutível na história da antiga filosofia grega devido, sobretudo, à amplidão de sua temática e à fina e extensa articulação de seus argumentos. Estima-se que tenha sido redigida entre 380 a. C. e 374 a. C. Por meio de sua publicação, Platão se afirmou como uma voz potente em um ambiente já rico em fortes personalidades intelectuais. É importante recordar que as ciências especializadas que conhecemos hoje – como a matemática, a física, a medicina, a história, o direito, as letras etc. – já possuíam exímios praticantes na Antiga Grécia. Entre eles, se incluíam também os sofistas, professores particulares itinerantes que buscavam atender ao mercado educacional mais diferenciado das diversas cidades-Estado democráticas (como Atenas durante um certo período, pois havia também monarquias, tiranias e oligarquias), nas quais a minoria detentora de direitos civis podia participar diretamente do processo político.

Devido ao seu forte vínculo com Sócrates, Platão encontrou um meio de intervir literariamente em um contexto social profundamente abalado pela recente Guerra do Peloponeso (431-404 a. C.). Em sua juventude, ele recebera uma educação que incluía o que hoje chamaríamos de artes, ciências e esportes. Descendente do grande legislador Sólon pelo lado materno, teria sido natural que, enquanto cidadão ateniense, nutrisse ambições políticas para tornar-se estadista. No entanto, percebeu uma outra possibilidade na filosofia, inspirada pela prática educativa de Sócrates, que privilegiava o debate ao vivo, público e gratuito com seus seguidores.

Platão se viu obrigado a recorrer à escrita para imortalizar seu mestre e permitir a difusão de suas próprias ideias. Procurou, porém, preservar o caráter humilde favorecido por Sócrates, omitindo uma clara referência a si mesmo e ao que de fato acreditava. Ao tentar produzir um registro escrito de conversas que usualmente os discípulos de Sócrates se orgulhavam de poder reproduzir de cor, Platão foi levado a criar um gênero literário híbrido: o diálogo filosófico, que cobria um espectro variado de formas discursivas realizadas polifonicamente por múltiplos personagens. A riqueza dos diálogos platônicos reside nessa presença de narrativas, descrições, informações, argumentos, mitos (como o de Atlantis e o de Er), alegorias (como o da caverna), juízos e situações dramáticas que não podem ser reduzidas a um jogo lógico-dedutivo que termina com a validação ou refutação de um argumento formal. Foi esse o veículo desenvolvido laboriosamente por Platão para exercer uma influência educativa que transcenderia o seu momento histórico em particular.

No decorrer de *A República*, vemos uma extensa discussão sobre o que hoje determinaríamos como conceito de justiça. Platão, porém, utilizava o termo "ideia" para designar um tipo de conceito que seria eterno, transcendente, e que teria de ser buscado pelo compartilhamento de dúvidas e certezas no diálogo honestamente comprometido com a verdade. O cidadão individual e a cidade-Estado não seriam dissociáveis como se propõe hoje em um Estado mundial com grandes fluxos migratórios guiados pelo puro interesse econômico e militar, mas estariam intrinsecamente articulados. Sabedoria, coragem e temperança seriam virtudes necessárias tanto no nível pessoal quanto no estatal. Platão tentou privilegiar a racionalidade dialogada sobre a nossa animalidade com o intuito de nos humanizar.

A sabedoria platônica, porém, é humana, distinta da divina pregada por Moisés, Jesus Cristo, São Paulo e Santo Agostinho. Platão utilizava a razão humana natural, sem auxílio da revelação. Não pretendia ser profeta ou transmitir verdades divinas com autoridade infalível. Os diálogos são um esforço coletivo, ocorrem entre pessoas de carne e osso e, muitas vezes, terminam em impasses (aporias). Ao mesmo tempo, porém, Platão encerra *A República* com o relato do mito de Er, em que fornece uma descrição sugestiva do além. Assim, por serem de um gênero híbrido, os diálogos platônicos terminam por misturar os dois tipos de sabedoria: a humana, da filosofia, e a divina, da teologia. Com a cristianização do mundo ocidental, estabelece-se a subordinação da primeira em relação à segunda. Ou seja, a humanização do ser humano deixa de ser garantida pelo mero uso da razão livre e passa a requerer a validação divina pelo sacrifício de Jesus Cristo na cruz por nós. Apesar da tentativa na Era Moderna de reverter a situação grega clássica, os projetos revolucionários, pautados pelo humanismo secular igualitarista, se mostraram incapazes de gerar uma noção do sagrado imune às contestações levianas de qualquer indivíduo. Os experimentos modernistas nos ensinaram que a autoridade humana termina por precisar se impor pela violência, por renegar o ideal da igualdade para se instaurar como elite e por trair a promessa de liberdade de expressão devido à legitimidade do poder permanecer sempre vulnerável ao questionamento racional. Assim, estratégias recentes de construção de consenso dialogal por meio de uma ética do discurso precisam admitir seu caráter puramente normativo e voluntarista. A filosofia não consegue, sozinha, assegurar o respeito pela dignidade humana além de um mero assentimento intelectual, frequentemente concedido apenas da boca para fora. Tampouco pode-se reduzir a virtude ao conhecimento, ainda que, como advogavam Sócrates e Platão, ela devesse ser ensinável. Perante essas dificuldades, não é claro até que ponto podemos pretender ser, hoje, herdeiros da concepção socrática-platônica de fazer política.

Para nos ajudar a estimular a leitura de *A República*, meu colega e amigo Paulo Hayashi Jr. selecionou cuidadosamente uma série de pensamentos ali contidos e adicionou comentários de grande valor reflexivo. Para aqueles que gostariam de se aproximar de Platão, essas citações e reflexões podem ser muito úteis, pois, apesar do quadro teórico dos antigos gregos ser tão diferente do nosso atual, podemos reconhecer similaridades nas situações vividas pelas pessoas e considerar perspectivas diferentes para repensá-las. A visão platônica realça o transcendente e, desse modo, procura entender o cotidiano, o mundano e o trivial no quadro maior do aperfeiçoamento eterno do espírito, o que já é um avanço em relação à visão materialista reducionista que nos insta a nos entendermos principalmente como produtores de valor econômico. Assim como no início da Era Cristã Santo Agostinho soube reconhecer os méritos da filosofia platônica, cabe a nós também, hoje, fazer o mesmo.

Tristan Torriani

Introdução

Grandes mestres da história trouxeram importantes lições para o desenvolvimento do ser humano, sendo o fim do século VI a. C. até o século V a. C. um período especial nesse sentido. Pitágoras, Sidarta Gautama, Confúcio e Sócrates são apenas alguns dos nomes que pavimentaram novas oportunidades e prepararam terreno para lições mais avançadas para o desfrute da humanidade, principalmente por meio de Jesus Cristo.

Neste livro, gostaríamos de destacar a participação do filósofo grego Sócrates. Conhecido no meio acadêmico, sua vida e seus ensinamentos, principalmente, ficaram registrados por meio dos livros de seus discípulos, em especial Platão. Dentre os vários livros escritos por ele, ou considerados de sua autoria, podemos destacar *A República*, obra relativamente extensa na qual o autor estabelece uma certa comparação entre o ser humano e a cidade. *A República* está dividida em dez "livros", ou capítulos, sendo o "Livro VII" talvez o mais conhecido, trazendo "A alegoria da caverna", que apresenta muitos pontos em comum com o texto védico do *Katha Upanishad* e a viagem do jovem Nachiketas ao Vale da Morte. De forma geral, tanto os textos de Sócrates quanto os de outros antigos mestres e das próprias lições védicas parecem estar cifrados para o cidadão comum.

Dessa forma, a intenção deste pequeno livro, com as principais passagens e comentários de *A República*, não é exaurir o tema, mas justamente o contrário: permitir a iniciação do leitor comum a reflexões sobre a própria vida, o autodescobrimento, a resiliência e a busca de propósitos elevados que visem à realização do bem, do belo e daquilo que é verdadeiro para o maior número possível de pessoas. Ou seja, desejamos que o conhecimento e a vontade se tornem instrumentos de aperfeiçoamento e altruísmo e, principalmente, que as lições desse antigo mestre não se percam nas areias e passagens do tempo. Em releitura aos versos do poeta lusitano Fernando Pessoa, "evoluir é preciso, egoísmo não".

1. A doma dos desejos

Quando as paixões cessam de nos repuxar e nos largam, acontece exatamente o que Sófocles disse: somos libertos de uma hoste de déspotas furiosos. Mas, quer quanto a estes sentimentos, quer quanto aos relativos aos parentes, há uma só e única causa: não a velhice, ó Sócrates, mas o caráter das pessoas. (Livro I, p. 13)

Assim como na tradição védica, Platão também se refere às paixões como "cavalos desenfreados que levam o cavaleiro para onde aqueles querem ir", ao invés do contrário. Paixões podem ser perigosas, mas também necessárias para que o cavaleiro aprenda a dominar o animal. Este, em si, não é ruim, mas uma viagem pode ser desastrosa sem um cavaleiro consciente de aonde quer ir e porquê. A doma não é sem luta, sem combate, pois o animal também tem seus desejos e hábitos. Aliás, é pelos desejos e prazer que o cavaleiro pode perder a cabeça e a rédea, mas é sempre melhor perder um momento de prazer do que a rédea do destino.

Todavia, assim como todo aluno há de aprender a lição algum dia, a sapiência pode vir com o tempo, mas este não é, em si, a razão da doma do animal. São as marcas pessoais, seu caráter, sua vontade e seu conhecimento que permitem essa doma com mais ou menos facilidade. Todo o processo de doma da mente sobre o corpo físico, sobre os desejos e prazeres da vida material, representa um importante processo de aprendizagem. Aprender significa, muitas vezes, cair e não ter vergonha de levantar e tentar novamente, de seguir adiante, de prosseguir com a promessa de que o acúmulo de aprendizagem ao longo do tempo se faz, no fim, com a cooperação entre mente e corpo, cavaleiro e cavalo. É necessário seguir no caminho certo sabendo que o importante, mais do que errar, é acertar a cada dia, a cada momento, a cada pensamento, suspiro e ação.

O grande cientista Albert Einstein observou que "as forças mais poderosas do Universo são os juros compostos". Vamos, então, acumulando experiências e aprendizagem, conhecimento e ações que formarão um valioso testamento em nossa escola da vida de modo a domar os desejos, aprender e manter um equilíbrio saudável e consciente entre a nossa mente e o nosso corpo enquanto tivermos tempo disponível. Libertar-se da tirania da matéria, de seus prazeres passageiros e vulgares representa abrir os olhos para aquilo que realmente tem valor e que vale a pena viver. Não uma felicidade passageira que logo se transforma em desespero e desesperança, mas algo valioso, duradouro e plenamente sustentável. De nada adianta ser "fogo de palha" se a jornada é longa e as lições são obrigações necessárias de aprendizagem. Domar os desejos: eis a primeira grande tarefa para a busca de uma liberdade maior.

Em outras palavras: diga-me teus desejos e te direis quem tu serás!

2. O valor do tempo

Se elas forem sensatas e bem dispostas, também a velhice é moderadamente penosa; caso contrário, ó Sócrates, quer a velhice, quer a juventude, serão pesadas a quem assim não for. (Livro I, p. 14)

Na Grécia Antiga, o tempo era referido por meio dos conceitos de *aion*, *kairós* e *cronos*. O primeiro é um tempo tão distante e de tão longo prazo que pode ser considerado "atemporal" ou "fora do tempo". *Kairós*, por sua vez, é o tempo de certos períodos ou temporadas, tais como os referidos nas estações do ano ou nos períodos de plantações e colheitas, por exemplo. Já *cronos* se refere ao nosso tempo linear, medido, meticuloso, muitas vezes de um relógio pouco amigável. De certo modo, pode-se dizer que são, respectivamente, tempos de longo, médio e/ou curtíssimo prazo. Nesse sentido, independentemente de sua duração, é importante usar o tempo com sabedoria. Desperdiçá-lo ou usar seus recursos de forma errônea faz o homem apresentar pouco avanço em relação a si mesmo e torna a vida pouco eficiente e produtiva, quantitativamente (o quanto foi feito nela) e qualitativamente (o que foi feito nela). A produção durante a vida, porém, não é necessariamente o ponto de partida que a determina, mas o processo de percorrer e alcançar corretamente os resultados certos. A questão principal, então, é que é fundamental ter bom senso na vida para viver com sensatez e disposição. Etimologicamente, a palavra sensatez vem do latim *sensus* e se refere à "percepção, sentimento, significado". A sensatez, portanto, está relacionada à boa percepção, análise e julgamento dos sentidos e das emoções. Em outras palavras, ser sensato é ter equilíbrio emocional para julgar de forma a buscar uma verdade maior ao invés de uma rasa interpretação que interessa ao indivíduo.

Assim como todo bom cientista que não pode se deixar levar pelos fenômenos à primeira vista, uma pessoa sensata sabe ver e observar além da aparência dos eventos, e consegue perceber belezas morais e sentimentais por trás de meros eventos físicos, tal como um bom apreciador da estética e das artes. Cientista e artista têm muito em comum: ambos precisam ter sensatez em suas profissões para alcançar posições superiores. O mesmo vale para a disposição. Ter boa disposição faz com que se atraia bons companheiros de jornada e que se consiga alcançar mais do que uma pessoa de pouca disposição e atitude. Enfim, viver com bom senso, sensatez, disposição e atitudes corretas torna o tempo testemunha fiel do seu valor.

O tempo, se usado de forma correta, pode ser o seu maior aliado na construção de uma vida digna, de se tornar alguém a ser referido por outros com orgulho e admiração. Teria recompensa e tesouro maiores na vida? Não seria esse um legado para deixar como prova de seu auxílio à humanidade?

3. A circulação da riqueza

Palavras certas, e muito para admirar. Em face disto, tenho em grande apreço a posse das riquezas, não para todo homem, mas para aquele que é comedido e prudente. (Livro I, p. 15)

A riqueza material é sempre um passo a mais para possibilidades, seja para o exagero, seja para a ajuda. Ter riqueza não é problema, mas depende de como ela é utilizada. Por isso, lembre-se da passagem bíblica do bom samaritano que ajudou uma pessoa em necessidade: por meio do dinheiro, ele deixou pagas as despesas de recuperação e repouso da pessoa que foi agredida na estrada. As diferenças entre o bom samaritano e os outros que negaram ajuda eram o caráter, a vivência dos valores pregados e, de certo modo, aquilo que fizeram com o próprio dinheiro.

Em um mundo material, o dinheiro pode comprar quase tudo e certamente abre portas, mas também pode fechá-las de forma impiedosa. Por isso, ser comedido e prudente é a principal recomendação para enfrentar a riqueza material. Para muitos, ser desprovido de recursos materiais cria a necessidade de se trabalhar, mas ao mesmo tempo traz a humildade, o que nem sempre ocorre com aqueles que contam com abundância de riquezas. Grande, portanto, é aquele que trabalha de forma honesta para pagar as contas no fim do mês, mas maior é aquele que trabalha por gosto e que ajuda sem segundas intenções com o propósito de contribuir para o progresso da humanidade.

Muitos homens arrecadam valores tão altos que aprisionam a riqueza para si, mas são poucos os que conseguem perceber que a natureza da riqueza é baseada na circulação dos mesmos recursos para fazer a renovação e o crescimento, e menos ainda são aqueles que fazem a riqueza circular para o bem do maior número de pessoas. Apenas a estes últimos podemos chamar de bons samaritanos que superaram a prova do dinheiro.

4. Riquezas

Não ludibriar ninguém nem mentir, mesmo involuntariamente, nem ficar a dever, sejam sacrifícios aos deuses, seja dinheiro a um homem, e depois partir para o além sem temer nada – para isso a posse das riquezas contribui em alto grau. (Livro I, p. 15)

Há diferentes tipos de riquezas: as do corpo, tais como a habilidade e a destreza para fazer determinado artesanato, por exemplo; as das emoções e dos sentimentos do coração; as mentais e de conhecimento, de cultura e experiências; as materiais, como a posse de bens e dinheiro; e as espirituais, como a busca pelo desenvolvimento, pelo altruísmo e pela paz interior. Essas diferentes riquezas possibilitam ao ser humano se organizar e atuar no mundo em que vive.

A falta de algumas delas pode favorecer ou não o aparecimento de vícios e levar à realização de ações errôneas, que farão da necessidade de reposição e pagamento futuro um imperativo, como em um sistema bancário, na qual todo débito exige um crédito posterior. Por outro lado, toda ação bondosa, que faz bem e vai em direção ao belo e à verdade, é uma ação meritória que certamente gerará benefícios futuros. Por isso, é importante ser mais credor do que devedor, ou, em outras palavras, acertar mais do que errar na estrada da vida, pois certamente ocorrerá um acerto de contas em algum outro momento. Dessa forma, ter a consciência tranquila e a paz de espírito para olhar sua imagem no espelho com satisfação de dever cumprido no último dia da sua vida é algo que não tem preço. Não é de se estranhar, então, que o acúmulo de riquezas de diferentes tipos e momentos torne a vida do ser humano abundante em sabedoria e vivências, uma vida que valha a pena ser vivida e que seja referenciada por outras pessoas como um exemplo de alguém que venceu suas batalhas. Não há tesouro maior do que esse, nada é mais valioso do que criar memórias carinhosas e positivas sobre a sua imagem na vida de outras pessoas. Certamente, as riquezas contribuem em alto grau para isso. Nas palavras de Paulo de Tarso: "Antes sede uns para com os outros benignos" (Efes. 4: 32).

5. Responsabilidade pessoal

Que é justo restituir a cada um o que se deve. (Livro I, p. 16)

Não se pode ser um credor eterno, tendo em vista a necessidade do progresso e do aperfeiçoamento individual. A responsabilidade inerente às próprias ações se faz necessária, pois, caso contrário, não haveria interesse, tampouco firme decisão de aprimoramento. Ser responsável pelos próprios atos e ações significa também ter de pagar as faltas cometidas ou receber as boas ações. Como em uma poupança de emoções e tesouros imateriais, somos punidos ou recompensados conforme os nossos acertos e erros durante a nossa passagem pela vida, pois nenhuma ação é infrutífera, tampouco livre de responsabilidades. É necessário nos aperfeiçoarmos em nossas ações, mas principalmente em nosso sistema de valores e crenças, pois é ele que nos leva a nos comportarmos de determinada forma e a querermos determinadas coisas em vez de outras. Nesse sentido, bom é aquele que busca o melhor de si, mas maior é aquele que busca o melhor de si para os outros, o que o fará acumular gratidão e reconhecimento de forma abundante.

Assim, o acúmulo de uma poupança de emoções e de bem-querer torna-se riqueza fundamental para o sucesso e a felicidade do indivíduo. O contrário também se torna verdadeiro: o indivíduo que errou mais, que mais pecou, também é aquele que mais está em dívida com os outros. Não há paz de espírito e orgulho ao olhar a própria imagem diante do espelho se não houver o pagamento das dívidas. Ou seja, saldar uma dívida pode levar tempo, mas é necessário sempre trabalhar de forma a favorecer o pagamento, seja pelo aprimoramento do devedor, pelo abrandamento do credor ou pela criação de oportunidades de redenção.

Trabalhemos para pagar nossas dívidas, estudemos para que tenhamos mais conhecimento, oremos para que possamos abrandar nossos credores e roguemos piedade aos nossos devedores. Nada mais justo e sensato do que a justiça feita, mas sem o martelo das paixões e emoções descontroladas. O progresso vem justamente com o desenvolvimento moral e as obras realizadas pelo indivíduo em direção à melhoria dele e dos outros. Devagar se vai longe e por isso é necessário não desperdiçarmos as pequenas oportunidades diárias. A santificação não vem pelas grandes obras apenas, mas também – e principalmente – pelas pequenas, que passam despercebidas a um olhar menos atento. Sejamos, portanto, perspicazes no olhar, delicados nos gestos, humildes no coração e incansáveis nas obras.

6. Perfectibilidade humana

E quanto aos homens, meu amigo, não teremos de dizer o mesmo: que, se se lhes faz mal, se tornam piores em relação à perfeição humana? (Livro I, p. 21)

Infelizmente, muitas pessoas ainda acreditam em uma simplória visão materialista do mundo e naquilo que se percebe apenas com os sentidos. A existência do mundo material não exclui o mundo imaterial, espiritual, das ideias, segundo Platão, tampouco o contrário. A coexistência é a abordagem mais prática e que permite aproveitar melhor as oportunidades de um mundo pleno de possibilidades.

Todavia, a senda para a perfeição é cheia de obstáculos que precisam ser vencidos e novas competências que precisam ser aprendidas de tempos em tempos. Por isso, é preciso perdoar os nossos inimigos, acender nossa luz interna, trabalhar para a redenção e superar a limitação da visão materialista. Além disso, devemos desenvolver a fé, criar forças para combater as trevas interiores e exteriores, pregar a palavra, controlar as emoções, reerguer aqueles que caíram e desenvolver o conhecimento superior.

Muitas são, enfim, as lições e oportunidades de aprendizagem, todavia, poucos são os que se animam a trilhar o caminho da vida de forma disciplinada, consciente e constante. Muitos ainda preferem permanecer em zonas de conforto que nos aprisionam com a perda de tempo e de recursos valiosos.

Além disso, não devemos esquecer que o mal ainda está presente, principalmente o mal que fazemos para nós mesmos. Por isso, antes de combater o mal exterior, é necessário acendermos a nossa luz interior e o nosso amor, pois com amor pode-se dissolver a maldade, que geralmente vem mais pela ignorância do que propriamente pela natureza, uma vez que a prática do mal sempre acaba voltando para o remetente. É a lei da ação e reação, ou, nas palavras de Sócrates: "a justiça consiste em restituir a cada um aquilo que lhe é devido" (Livro I, p. 22).

O mal apenas começa a se transformar e a se renovar para o bem com a força do amor. A humildade se aproxima e o conhecimento se apura, mas apenas o amor cicatriza e cura. Nas sábias e difíceis palavras do mestre Nazareno: "Eu, porém, vos digo: amai os vossos inimigos" (Mat. 5: 44).

7. Acertos

Fazer mal não é a ação do homem justo, quer seja a um amigo, quer a qualquer outra pessoa, mas, pelo contrário, é a ação de um homem injusto. (Livro I, p. 22)

O dito popular de que cada um colhe aquilo que planta é esmerado com precisão por Sócrates: o homem justo representa o homem virtuoso, o nobre de espírito, o homem superior que sabe distinguir corretamente o que precisa ser feito e aquilo que não pode ser feito. Ele sabe quando evitar as ações erradas, pois sabe que voltará para si próprio a colheita amarga.

O ser justo não é apenas aquele que pensa em si, mas também aquele que pensa e age para os outros. É um altruísta, que consegue acumular bênçãos no céu e agradecimentos e bons sentimentos na Terra, e um verdadeiro ser de riquezas que ultrapassam a simples moeda material. Esse é o indivíduo virtuoso, o ser justo que faz jus à sua vida, ao seu conhecimento, ao seu amor-próprio e à sua família, diferentemente do indivíduo injusto, que faz mal aos outros e que, portanto, acumula dívidas que um dia terá de saldar. Dívidas representam necessidade de progresso e de aperfeiçoamento, principalmente do caráter e das mãos que precisarão trabalhar para saldar débitos passados. Assim como no sistema bancário, o importante é ter mais saldo positivo do que débitos, e o mesmo vale para as relações humanas. Além disso, sempre é possível refazer o jeito de ser e pensar, pois a vida é uma grande escola e as lições estão aí para serem aprendidas e praticadas.

Se acertamos no passado, vamos continuar progredindo para lições mais avançadas, mas se por acaso erramos, vamos começar trabalhando para o bem do próximo, pois mesmo as dívidas mais altas podem ser pagas com o acúmulo de pequenas, médias e grandes ações ao longo do tempo. É o tempo que cobra resgate, mas é esse mesmo tempo que permite o acúmulo de riquezas infinitas.

Busquemos, pois, a riqueza de forma ampla, de maneira a obtermos os frutos dela em relação ao tempo, não o contrário. Devemos honrar o nosso esforço na direção certa para não termos o retrabalho e o refazimento obrigatório, para termos mais amor-próprio e amor para com os outros, para que possamos sempre acertar mais do que errar, acumulando gratidão em vez de injúrias e difamações, dívidas e juros, e sermos grandes na Terra e nos céus.

8. O pássaro sagrado

Ora, o maior dos castigos é ser governado por quem é pior do que nós, se não quisermos governar nós mesmos. (Livro I, p. 34)

Assumir responsabilidade por nossa própria vida é atitude fundamental no desenvolvimento humano e representa passo decisivo para a busca do controle consciente de nossas ações e a liberdade de termos o espírito livre das manipulações e desejos do corpo físico, material. Certamente, as necessidades físicas e biológicas são necessárias, todavia, viver apenas e unicamente para satisfazê-las representa uma forma muito limitada de viver e de satisfazer o espírito, o que resultará em um remorso pela perda de tempo e de recursos valiosos no futuro. É necessário saber controlar e frear, governar e adestrar o corpo físico, material, para o alcance de searas mais elevadas e benquistas na vida. A espiritualidade é como um pássaro e, para este lançar voos mais altos, é necessário ter o corpo físico como instrumento de trabalho, e não o contrário. Férias eternas não é o que busca o espírito, apesar de parecer desejável para o corpo físico, que se cansa facilmente: a indolência e a preguiça, do corpo e da mente, são como ervas daninhas que precisam ser arrancadas sempre.

Governar corretamente o corpo físico é educá-lo como instrumento do espírito para o trabalho, para a razão e moral universais e para o crescimento e progresso. É necessária uma simbiose entre espírito e matéria para que haja o crescimento das experiências e do conhecimento, do trabalho e do acúmulo positivo de gratidão. Além disso, é necessário fortalecer a vontade para aumentar a resistência frente às dificuldades que sempre chamam atenção e ultrapassar o simples prazer imediato da matéria para perceber as riquezas intangíveis desse mundo, e, tal como caçadores de tesouro, corpo físico e espírito são convocados para explorar o mundo, semelhantemente a estudantes avançados em crescimento. Todavia, é preciso vencer a primeira lição e não deixar a matéria subjugar o espírito, pois, ao contrário, o espírito é morada da moral e do conhecimento. Busquemos, então, esses elementos para fortalecer o espírito no campo de batalha, pois sem moral universal e conhecimentos não há possiblidades de ganhar, tampouco até mesmo de desafiar a tirania da matéria. Essas são, portanto, as rédeas que direcionarão corpo e espírito em prol de objetivos mais elevados e que certamente alcançarão pradarias mais valiosas na caminhada do indivíduo sobre a Terra.

Grande é o cavaleiro montado em seu cavalo, mas maior é o cavaleiro amigo do seu cavalo que luta por mundos mais justos, nobres e desenvolvidos. O progresso universal é lema e a luta individual é necessária, "Pois nós somos um santuário do Deus vivo" (Paulo, 2 Cor. 6: 16).

9. Líder de líderes

O verdadeiro chefe não nasceu para velar pela sua conveniência, mas pela dos seus subordinados. (Livro I, p. 34)

A liderança é um componente vital para o alcance de grandes resultados pela coletividade. Liderar não é simplesmente dar ordens. Pelo contrário, ultrapassa o simples posicionamento de mando, controle e subordinação para alcançar o trabalho de animar e elevar, reunir e fortalecer, incentivar e premiar o trabalho coletivo, pois pela união de várias cabeças é possível fazer mais. Pela desagregação e desordem, muitas cabeças podem fazer menos do que uma única pessoa organizada e disciplinada. É por isso que a responsabilidade do líder certamente não é de velar pela sua conveniência, tampouco de transferir para terceiros o trabalho que ele mesmo deve realizar.

É necessário ter a visão correta para seguir no propósito adequado. O propósito e a visão de onde se quer chegar são aspectos fundamentais para que o grupo se comprometa ao longo do tempo, e é necessário que o líder saiba motivar o grupo, pois muitas tormentas e dificuldades serão encontradas ao longo do caminho. Palavras de apoio e um ombro amigo representam aspectos importante do líder: é necessário que ele esteja junto dos liderados para estimular o ânimo e disciplinar os colaboradores para a ação. Esse magnetismo entre propósito e ação, visão e motivação é conseguido mais facilmente pelo líder que tem a admiração de seus liderados, conquistado quando essa figura de liderança representa o ser humano exemplar, aquele que se mostra superior em seu jeito de ser, que possui conhecimentos e inteligência superior e, fundamentalmente, que possui superioridade, elegância e potência em seu trato humano. Apenas quem consegue ser admirado pelos outros é adotado livremente como modelo. Ser admirado é um traço fundamental de um bom líder, seja por sua capacidade de trabalho, por seu coração e emoções que despertam o melhor nos outros ou por seu conhecimento e experiências.

Portanto, busquemos nos aperfeiçoar antes de querer buscar seguidores, e, quando tivermos esses colaboradores, não os tratemos como empregados, mas como irmãos de jornada que nos possibilitarão fazer mais, melhor e por mais tempo. E não nos esqueçamos: é pela admiração que se constroem amizades com verdadeiros obreiros que ultrapassam a média em suas ações e trabalho. Estudar e buscar o autoaperfeiçoamento é tarefa dos que querem ser líderes e tarefa ainda maior dos que chegaram a esse posto, cuja responsabilidade é maior, porque há vidas que dependem do correto comportamento dessas figuras. Grande é o que sabe cuidar da própria vida, mas maior é aquele que engrandece a própria vida e a dos demais, deixando como herança para a Terra um registro admirável de sua passagem por meio de seu jeito de ser, de suas obras e, principalmente, de seus resultados. Sejamos não apenas líderes de homens, mas líderes de líderes.

10. A sapiência dos justos

O justo revela-se como bom e sábio, e o injusto, como ignorante e mau. (Livro I, p. 38)

Para Sócrates, o homem nobre e superior é chamado de justo, pois vive sob a lei da ação e reação. Ou seja, para aquilo que se planta há a colheita certa e implacável ao longo do tempo. Desse modo, o homem justo é aquele que sabe angariar créditos futuros pelas boas ações realizadas, tal como uma poupança emocional e imaterial, sendo mais credor do que devedor. As boas ações, principalmente as menos interessadas em receber algo como benefício, são as mais valiosas e importantes. Parece paradoxal, mas os nós dos destinos têm seus segredos, embora seja sempre possível desatá-los com paciência e trabalho, tolerância e ponderação, caridade e humildade.

O ser justo e enobrecido, então, é aquele que faz da bondade uma rotina dentro do seu próprio ser. Entretanto, interessante é aquele ser que não é apenas caridoso, mas que é algo a mais, algo que ultrapassa o simples indivíduo caridoso. Sócrates novamente adjetiva o ser justo como sábio, ou seja, aquele que tem conhecimentos e sabe, portanto, o que está fazendo de forma consciente, e que, por estar fazendo de forma consciente, pode também ensinar. Diante disso, ressaltamos que ter informação é diferente de ter conhecimento e sapiência: a informação é um tipo de dado que pode ser útil ou não para sua vida, todavia, é com informações úteis e específicas para a tomada de decisões que se acumulam bons resultados.

Normalmente, os conhecimentos, sobretudo aqueles relacionados à ciência, são conhecimentos limitados a certos domínios. Quanto mais conhecimentos e experiências práticas e teóricas a pessoa vai adquirindo, mais os conhecimentos vão se interligando, expandindo-se, assim, de um domínio limitado para um mais amplo.

O sábio seria aquele, então, que conseguiu alargar os domínios por meio do estudo e da reflexão, do teste do tempo e do empírico para obter uma condição de prever, com mais probabilidade, os acontecimentos conforme suas ações e respectivas reações.

Busquemos, pois, transformar a nossa vida em um projeto de desenvolvimento incessante do ser justo que não apenas faz a caridade, mas entende os porquês; busquemos não apenas dar, mas também ensinar, e não apenas distribuir o pão que alimenta o corpo, mas a palavra que sacia e tranquiliza a alma. Que o conhecimento não seja simples mofo embolorado em uma prateleira bonita, mas algo com utilidades práticas, e que o discípulo seja aquele que consegue acumular, ao longo do tempo, experiências e ações que testemunhem o coração bondoso e gentil, razão e conhecimentos superiores.

Nas inolvidáveis palavras de Paulo de Tarso: “Esta é a minha oração: que o amor de vocês aumente cada vez mais em conhecimento e em toda a percepção” (Fil. 1: 9).

11. Diferentes estratégias

Porque os justos mostram ser mais sábios, melhores e mais capazes de atuar, ao passo que os injustos nem sequer são capazes de atuar em conjunto. (Livro I, p. 41)

A vida de uma pessoa é sempre marcada por altos e baixos, situações positivas e negativas, experiências agradáveis e desagradáveis, acreditação e resgastes. As lições da vida na Terra precisam não apenas estar de acordo com o nível do desenvolvimento do aluno, mas também com o contexto momentâneo dele. A atuação na vida representa estratégias de adaptação para o alcance do crescimento pessoal e do progresso, e tais estratégias podem se basear nos conhecimentos que se tem e/ou no apoio e ajuda de outras pessoas, pois a caminhada solitária é sempre mais difícil, ficando limitada ao conhecimento de uma única pessoa. A caminhada em equipe, por outro lado, faz com que um possa ajudar o outro, bem como torna possível o compartilhamento de conhecimentos, experiências, habilidades e atitudes complementares.

Quando passamos por períodos momentâneos de desânimo e desmotivação, a palavra amiga é sempre bem-vinda. Feliz é aquele que pode contar com a presença de amigos e amigas que o socorrerão nesse momento da vida. Por isso, saber cultivar a amizade e mantê-la ao longo da caminhada é sempre um exercício de paciência, dedicação, atenção e carinho. Em outras palavras, cultivar uma amizade é uma preparação para provas mais elevadas, como perdoar um desafeto ou tornar amigável um inimigo de longa data. O importante é jogar com o tempo ao seu favor, acertar mais do que errar, dar mais do que pedir e agradecer mais do que reclamar.

A amizade sincera e atemporal é prova da grandeza do ser justo, pois dificilmente alguém gostaria de manter a amizade com alguém injusto e que não respeita os outros ou a si próprio. Sustentar uma amizade é sustentar felicidade, seja por meio de um ombro amigo ou de palavras e ações amigas em tempos de bonança ou tempestade. Todavia, assim como em uma conta bancária, na amizade é preciso ter mais créditos do que débitos. Dito de outra forma, é preciso investir em atenção, tempo, palavras e gestos bondosos, pois o amigo representa o próximo mais querido que nos ajuda em nossa caminhada, assim como o ajudamos na dele.

Conhecimento e caridade são, portanto, as características do indivíduo justo para manter uma longa caminhada sem a perda de amigos. Novas amizades vão surgindo durante a jornada, pois a felicidade não está simplesmente na linha de chegada: ela está na própria jornada. Em outras palavras: "O campo é o mundo" (Mat. 13: 38).

12. O melhor da felicidade

O homem justo é feliz, e o injusto é desgraçado. (Livro I, p. 43)

A felicidade, para Sócrates, não está vinculada a férias prolongadas e sem prazo de término. Pelo contrário: feliz é aquele que sabe de suas responsabilidades como aluno matriculado na escola da vida e que sabe que é preciso estudar e trabalhar para a obtenção de créditos para saldar suas dívidas com os seus credores. A realização da caridade faz com que o trabalhador busque aquilo que é bom, o que leva à purificação do coração e à sua leveza, que tornam o encontro humano e suas relações interpessoais verdadeiras joias que demonstram o belo.

O território da verdade é marcado pela busca incessante pelo conhecimento edificante e renovador, que resulta no bem, no belo e na verdade, insígnias duramente obtidas pelo homem justo que demonstram seu valor. Feliz, por isso, é aquele que conseguiu acumular experiências desses valores e a grandeza do ser em sua integridade. Ter uma vida como testemunha do progresso e do trabalho do bem, do belo, da verdade e da grandeza representa um verdadeiro tesouro para o enriquecimento de um ser justo e feliz.

Os 3 Hs (*hands, heart, head*), que representam o ser humano em suas respectivas partes das mãos, coração e cabeça, têm uma clara vinculação com a busca da felicidade. As mãos precisam trabalhar para o bem, o coração, para o belo e os sentimentos purificantes e engrandecedores, e a cabeça, para o conhecimento edificante que dará sustentação às boas decisões. A verdade representa um ponto decisivo para a boa tomada de decisões frente a um mundo complexo e, muitas vezes, imprevisível. É necessário ter uma vontade de grandeza, de transformação da potência em resultados concretos em busca do que é certo, justo e admirável aos olhos do progresso da humanidade, e essa vontade só pode ser concretizada a depender da mentalidade empregada, da energia acumulada e usada, do suor recompensatório e do tempo bem empregado ou não. Com isso, ter uma vida na qual se visa a grandeza por meio do alcance do bem, do belo e da verdade representa viver uma vida virtuosa, nobre e justa, uma vida que, portanto, vale a pena ser vivida.

A busca pela felicidade pode ter um início, mas talvez não tenha um fim, como no mito grego do escravo Sísifo, que tinha de rolar eternamente uma rocha montanha acima. Talvez sejamos, como ele, prisioneiros. Por outro lado, talvez seja essa a concepção da felicidade eterna, pois não há arrependimentos em uma vida dedicada ao bem, ao belo e à verdade. É um progresso gradual de obtermos maestria de nós mesmos e de transformarmos o mundo em algo melhor, pois apenas fazer sem saber ou saber e não fazer são situações incompletas. Provavelmente seja aí que resida a diferença entre mestre e aprendiz, felicidade completa e parcial, liberdade e apego, eterno e passageiro.

13. Escolhas

Colhendo em espírito, o fruto do sulco profundo do qual germinam as boas resoluções. (Livro II, p. 48)

As marcas do tempo e das batalhas imemoráveis para o aperfeiçoamento, as lágrimas derramadas pelas pequenas vitórias e derrotas, as lições superadas, as reflexões e os solilóquios realizados após as realizações importantes causam cicatrizes e sulcos profundos na alma humana, provendo o servidor de um acúmulo importante de conhecimentos e experiências, valores e resoluções para a realização da caridade consciente e enobrecedora. Apenas quem planta as boas sementes pode esperar a colheita abundante e tranquilizadora. Por outro lado, aquele que apenas se diverte como se não houvesse amanhã e não planta as boas sementes certamente terá problemas futuros de sustentação.

Na fábula do escritor grego Esopo, a cigarra torna-se vítima de suas próprias ações. Em outras palavras, a mensagem passada é a de que não há plantio sem colheita, tampouco dívida sem renegociação. Pagar com juros e fazer o retrabalho pode ser uma punição mais que severa para aqueles que desperdiçaram talento e tempo, oportunidades e energia. Por isso, as sábias palavras do apóstolo Paulo de Tarso: "Tudo me é lícito, mas nem tudo me convém" (1 Cor. 6: 12). Apesar de estarmos em um mundo onde tudo parece ser possível, nem toda semente levará a uma boa colheita: é necessário mostrar progresso e acúmulo positivo da boa semeadura e dos bons frutos, pois o inverno sempre estará pronto para bater à nossa porta.

Dessa forma, assumir a responsabilidade pelos próprios atos é a primeira resolução a ser tomada. Ademais, precisamos adquirir a noção de que não há ação sem reação, ou plantio sem colheita. Cada um tem a responsabilidade de erguer a montanha ou cavar a cova conforme a própria pá; ou seja, a felicidade ou a infelicidade representam a colheita das obras plantadas pela própria pessoa. Alguns, por exemplo, se elevam e buscam conhecimento e trabalho para o enobrecimento e sublimação; já outros buscam vidas promíscuas e bestiais. Portanto, é preciso o amadurecimento psicológico para o alcance da responsabilidade. Mesmo o mais rebelde dos homens vai perceber, algum dia, que o sofrimento e a rebeldia cansam, que a dor merece paz e que o coração que sangra merece reparo e proteção. Nada melhor que os curativos feitos pelo próprio tempo.

Assim como na vida, cada semente gera um fruto com o tempo, que é um mestre implacável das boas resoluções e o responsável pelo desenvolvimento da responsabilidade e do amadurecimento. Cabe a cada um decidir qual caminho vai querer seguir conforme seus conhecimentos, valores e ilusões: o da dor ou o do amor, o da ilusão ou o da verdade, o fruto amargo ou o doce.

14. Deus interior

Mas, aos deuses não é possível passar despercebido nem fazer violência.
(Livro II, p. 52)

A consciência é vigia constante do ser na Terra. É o que guarda e vela pelos propósitos e verdades universais que ultrapassam o egoísmo e as aspirações individuais. Por isso, os injustos, apesar de terem a aparência muitas vezes vitoriosa, sempre terminam em situação pior do que a inicial, pois há um eterno vigilante prestando atenção nas ações e nos pensamentos do próprio ser. Não é possível enganar a própria (in)consciência, tampouco passar despercebido, pois sempre haverá a prestação de contas para o ser que olha diante do espelho, bem como haverá lições de aprendizagem e sutilezas que vão além do plano físico material.

A (in)consciência representa a prova mais temível para aqueles que levaram uma vida de injustiças e violações, pois ela tudo anota e aponta no fim. Por outro lado, a (in)consciência também pode ser a canção mais doce e a prova mais desejada para aqueles que conseguiram levar uma vida digna de admiração e respeito, e que, apesar dos sofrimentos e dificuldades pelas quais passaram, é sublime e bela. Em outras palavras, a (in)consciência é como um cimento fresco que vai registrando as nossas pegadas sobre a Terra: nas partes marcadas da obra há necessidades de refazimentos, enquanto que nas partes belas há reverências e admirações.

Nada mais certo e justo que, na escola da vida, cada um receba conforme as próprias obras, seja por lições superadas ou não. É um estímulo tanto para o aluno adiantado quanto para aquele que parou em certo ponto.

Sejamos aqueles que primam pela amizade verdadeira e benquista de nossa própria (in)consciência, pois ela significa respeito a si mesmo e amor-próprio, e, principalmente, amor e respeito aos nossos semelhantes. Se a (in)consciência é o nosso deus interior, que tenhamos a bondade de expressar o amor por meio da caridade, a beleza pela perfeição e a verdade pelo conhecimento. Quando então o deus interior encontrar os atos de perfeição e justiça no exterior, interior e exterior, (in)consciência e Universo se transformarão em uma verdadeira prova de desenvolvimento do indivíduo. Sejamos como diz a letra: "Anda como filhos da luz" (Paulo, Efes. 5: 8).

15. Ação harmônica

A obra não espera pelo lazer do obreiro, mas força que o obreiro acompanhe o trabalho, sem ser à maneira de um passatempo. (Livro II, p. 57)

A paz da Terra não significa a mesma paz do Universo. Para muitos, paz significa inação e tranquilidade, descanso e passagem de tempo. Entretanto, essa paz da estagnação não se alinha com a paz do Universo: não há inação no Sol, na Lua ou em qualquer outro planeta, por exemplo. Todos trabalham e tudo está em movimento. Não há inação, mas harmonia e tempo em uso e aproveitamento. Bons são os obreiros que se contentam com o trabalho e com os resultados de seus esforços, pois são estes que precisam ser lembrados do refazimento de suas energias. A paz momentânea da Terra para esses obreiros representa a restauração da energia para poder trabalhar mais e melhor no próximo período, e mesmo essa paz tem um propósito, que é ganhar, e não perder. Para esses trabalhadores, ficar parado por muito tempo é sinal de tédio e inutilidade, desperdício de tempo e improdutividade, tal como água parada que apodrece por não estar circulando e sendo útil. Em outras palavras, é como uma prisão ou um inferno, pois estar em obra significa edificar-se ao mesmo tempo, mostrando e desenvolvendo seus conhecimentos e talentos.

Tal aspecto guarda certas semelhanças com a parábola dos talentos de Jesus (Mat. 25: 14-30), na qual aquele que mais trabalhou conseguiu juntar mais moedas e aquele que ficou parado e resolveu enterrar sua moeda na materialidade da Terra perdeu sua única moeda.

Paz na Terra não é motivo para preguiça ou estagnação. Pelo contrário, dá muito trabalho estar em paz, seja na Terra, seja em qualquer outro lugar do Universo. A paz é um progresso interior e, para o bom obreiro, para o bom trabalhador estar em paz consigo mesmo, tem de saber que está fazendo a coisa certa, indo na direção e velocidade corretas, e isso certamente necessita de um trabalho hercúleo para toda uma vida. Nas palavras do apóstolo Pedro: "Aparte-se do mal e faça o bem; busque a paz e siga-a" (I Ped. 3: 11).

16. O modelo perfeito

Será por natureza filósofo, fogoso, rápido e forte quem quiser ser um perfeito guardião da nossa cidade. (Livro II, p. 64)

Defensor da morada, seja do próprio corpo, seja da própria cidade ou organização, o indivíduo precisa ter uma série de predicados para ser considerado um guardião exemplar.

O modelo perfeito a ser seguido é Jesus. Ele foi um filósofo no sentido mais amplo, pois tinha conhecimentos e saberes que ultrapassavam o mero achismo e a ingenuidade popular. Além disso, conseguiu superar o conhecimento dos letrados e doutores da época, sendo motivo de inveja dentro do próprio Sinédrio. Jesus também tinha a característica de ser corajoso e determinado, tal como o líder que não se ajoelha diante de dificuldades gigantescas ou perigos para a própria vida. O mestre foi forte ao não se acovardar ou se rebelar perante a traição do amigo ou o julgamento malconduzido, e conseguiu ser rápido, deixando, apesar da pouca idade, um legado para toda a humanidade. Enfim, Jesus representa o modelo perfeito e exemplar de guardião. Todavia, a lacuna e a distância entre meros mortais e Jesus é abismal. Dessa forma, enquanto não estivermos em condições de ter a nossa própria categoria de superioridade, podemos ter a humildade de seguir e imitar os seus passos.

Quando há provas e dificuldades em minha frente, o que Jesus faria? Se um vizinho tenta me enganar, o que Jesus faria no meu lugar? E se houvesse desavenças no trabalho ou crises no relacionamento e uma consequente perda de confiança, o que ele faria? Tenhamos a humildade de perguntar ao nosso cérebro e coração o que Jesus faria em nosso lugar, pois é para isso que serve o modelo. A imitação dos atos de Cristo não é uma tarefa fácil, tampouco é fruto de falta de imaginação. Pelo contrário, ter amplos conhecimentos e atitudes corretas representa um programa de estudo para o enobrecimento da vida e expansão das obras de um bom obreiro.

Portanto, é preciso caridade para os outros e conhecimento e moral para nós. Talvez sejam essas as lições que devemos perseguir para toda uma vida, e certamente precisaremos contar com a presença de Jesus em nossa cabeça, corpo e coração. Por isso, estudemos seus atos, imitemos suas ações e, na dúvida perante a complexidade da vida e dos emaranhados de situações e variáveis, perguntemos intimamente a nós mesmos: "O que Jesus faria no meu lugar?".

17. Verdade maior

A mentira autêntica é detestada não só pelos deuses, mas também pelos homens. (Livro II, p. 72)

A mentira é uma falha de caráter que mina os esforços de acreditar na pessoa e, consequentemente, de favorecer o trabalho em equipe. Ela também é danosa não apenas pelo conteúdo em si, mas pelo efeito de levar a pessoa a ser desacreditada em outras ocasiões. Até mesmo os seres superiores odeiam a mentira, pois esta representa a desonestidade para com os outros e para consigo mesmo.

Ser desonesto com os outros é um crime grave, mas ser desonesto consigo mesmo é um crime bárbaro. A pessoa deve ser autêntica, verdadeira e responsável para poder se desenvolver e ser alguém digno de confiança e merecimentos, e a mentira tem o efeito oposto: ela estraga tudo em pouco tempo e não vale a pena, pois, como diz no dito popular, "a mentira tem perna curta". Cedo ou tarde, a verdade vem à tona, bem como a conta, e a reparação da mentira é um processo que leva tempo, pois até se reconstruírem a reputação e a confiança, é necessário muita paciência e trabalho. Além disso, é necessário dar provas do seu refazimento, da sua correção, caso contrário, a má reputação persistirá. É uma trilha nada agradável. Por isso é sempre melhor ter o valor de ser honesto consigo mesmo e com os outros por meio da busca e compartilhamento da verdade maior, pois essa busca traz o caráter de conhecimento e de seriedade, enquanto a mentira traz o contrário. A verdade maior se afasta não apenas da mentira, como também das verdades menores ou parciais que podem interessar uma alma pequena e interesseira. Defender a verdade parcial é não ter uma visão e conhecimentos mais amplos e, ainda que a intenção possa ser boa, a falta de conhecimento maior não permite ultrapassar sua própria ignorância.

O sábio sempre busca entender uma situação por diferentes ângulos e pontos de vista sem apressar o seu juízo. É necessário, como um bom detetive, buscar pistas e manter-se curioso, pois a verdade maior não costuma aparecer logo de imediato. Sempre haverá muitas informações desencontradas, intenções mal interpretadas e complexidades que tornam o cenário um jogo de quebra-cabeça no qual as peças estão misturadas. É necessário, por isso, tempo e paciência, tranquilidade na alma e interesse por uma verdade universal. Sejamos amigos dessa verdade maior e inimigos da mentira, pois assim seremos benquistos por todos, principalmente por nossa própria inconsciência, que é o nosso verdadeiro patrimônio imaterial de sabedoria e guardiã de nosso tesouro mais valioso e íntimo: nossa partícula divina.

18. O desperdício

Mas, na verdade, nada convém menos aos guardiães do que a embriaguez, a moleza e a preguiça. (Livro III, p. 91)

Infelizmente, para muitos, a roupagem na Terra se faz como veraneio de férias e de duradouro descanso, necessário para o trabalhador do bem se recompor. Entretanto, nada é mais constrangedor do que a perda de tempo para aqueles que já atingiram certo nível de conhecimento, pois o tempo é elemento precioso e caro para a aprendizagem na Terra e para o lançamento de boas sementes de caridade e dedicação ao próximo. A oratória sem trabalho se torna como o agricultor que ara a terra, mas não a semeia, pois o palavrório vazio não alimenta o Universo. É apenas pelas boas sementes plantadas e defendidas das ervas daninhas do egoísmo e da vaidade que se torna possível a boa colheita.

Agir e sentir, falar e orar para o bem do próximo é sinal de amadurecimento do ser humano frente à sua própria felicidade. Além disso, a verdadeira felicidade não é representada por instâncias de férias, mas pelo contrário. De maneira muito similar, podemos aproximar felicidade e progresso: a partir do momento em que percebemos que estamos indo no caminho, no ritmo e na velocidade certos, nos sentimos felizes com nossas ações passadas e ficamos mais motivados a continuar. O progresso vem do estudo e do trabalho, do coração altruísta e da mente que sabe dar prioridade às coisas certas. Tudo tem seu tempo, assim como todo tempo é valioso e útil para a aprendizagem individual e para o trabalho do próximo.

Quem passa todo o tempo na embriaguez, moleza e preguiça constrói pouco e faz pouco para si mesmo e para os outros. Não há acúmulo positivo de boas obras e boas sementes que darão testemunho do progresso do ser durante o período de aprendizagem, diferentemente de alunos que falharam em suas lições e terão novas oportunidades de refazimento e aproveitamento. O tempo perdido não tem volta, e ter talento e potencial e ficar retido em lições menos avançadas frente àqueles que eram julgados como menos talentosos e com menos potencial, mas que não perderam tempo e nem esmoreceram, pode ser constrangimento e punição suficientes para tirar da boa vida aqueles que confundiram aprendizagem com descanso eterno, caridade com egoísmo e consciência com inconsequência.

Essa é, certamente, a diferença de postura entre o aluno de fase avançada e o de fase inicial. Enquanto que para o primeiro a vida na Terra é um período de aprendizagem e trabalho para o acúmulo de boas obras e conhecimentos superiores, para o segundo, o motivo parece não estar muito claro, tampouco as necessidades de suas ações para o seu próprio engrandecimento. Ademais, enquanto o aluno avançado não perde tempo, o aluno inicial ainda não vê motivos para se mexer. Porém, a consciência e o conhecimento do aluno vão se desenvolvendo gradualmente, e aquele sujeito indolente torna-se obreiro exemplar do bem, que trabalha e divulga a necessidade da caridade e do estudo consciente sobre a vida superior. "Não desprezes o dom que há em ti" (Paulo, 1 Tim. 4: 14).

19. O brilho da inteligência

Logo, a boa qualidade do discurso, da harmonia, e da graça e do ritmo depende da qualidade do caráter, não daquele a que, sendo debilidade do espírito, chamamos familiarmente ingenuidade, mas na inteligência que verdadeiramente modela o caráter na bondade e na beleza. (Livro III, p. 93)

A inteligência é uma joia preciosa do ser humano e deve ser polida e engrandecida da melhor maneira possível pelo indivíduo. O crescimento dela se dá pela leitura de obras edificantes e que dão exemplos de grandes personalidades que construíram e elevaram o progresso da humanidade. Um caso exemplar é o de Paulo de Tarso: inteligente e sagaz, ele teve a humildade de reconhecer seus erros na época de Saulo e a força de trabalhar para o seu refazimento. A eloquência das cartas do autor e a coragem de suas viagens para divulgar o Evangelho de Cristo o tornam um espírito exemplar. As brigas contra as injustiças e seus atos de caridade do pão material e espiritual fizeram com que desenvolvesse a inteligência e o coração para que as mãos trabalhassem na direção correta, elevando o espírito sobre a matéria e a caridade sobre o egoísmo.

Não adianta acumular conhecimentos e cercar-se de desculpas para o trabalho edificante, e não adianta estudar todas as maneiras de arar e preparar a terra sem nunca a semear, pois é pela sementeira que se medirá a bondade e pelos frutos que aparecerá a beleza do ser. Além disso, a inteligência pode ser apurada por meio de estudos de diferentes áreas e do aprofundamento desses estudos, assim como ocorre, por exemplo, nas séries escolares. Ela também vem pela própria experiência prática, oferecendo ao aluno o senso da ação. É por isso que teoria e prática precisam ser complementares e coincidentes da melhor forma possível. Inteligência, bondade e beleza são complementares ao caráter e necessitam ser buscadas para o enobrecimento e a grandeza do indivíduo.

Já a beleza é o refinamento do gosto, é a busca pelos sentidos superiores e as intenções por trás da percepção do que é sensível, e é, além de tudo, a conexão dos sentidos com a própria razão, a moral universal e o desembrulho do pacote de percepção imediata dos sentidos por meio de uma reflexão crítica sobre se é ou não belo do ponto de vista objetivo e de um ser superior universal. Por fim, a bondade é relacionada aos atos do coração, pois toda caridade é um ato de bondade.

Uma vida vivida e sacrificada pela inteligência, beleza e bondade certamente é uma vida digna do ser humano justo, que enobrece a si mesmo e aos outros com sua presença e deixa entristecida a plateia com sua ausência. Enfim, é um ser a ser admirado, benquisto e chamado de boa pessoa e bom-caráter, mesmo por aqueles que não tiveram a oportunidade de conhecê-lo pessoalmente.

20. A estética do caráter

Em todas as coisas há, com efeito, beleza ou fealdade. E a fealdade, a arritmia, a desarmonia, são irmãs da linguagem perversa e do mau caráter; ao passo que as qualidades opostas são irmãs e imitações do inverso, que é o caráter sensato e bom. (Livro III, p. 93)

Pelo caráter e valores da pessoa é que se exprimem suas obras e ações. Do interior, do mundo mental que se escolhe e modifica o mundo material, vai-se para o exterior. É necessário saber reformar internamente a pessoa para que as transformações exteriores possam ocorrer com naturalidade e com melhorias gradativas. Bons valores, inteligência e bom caráter são características essenciais para olhar o mundo e tomar as decisões mais corretas e adequadas. Se os olhos da alma e do coração estiverem impuros e deturpados, haverá confusão entre o certo e o errado, o belo e o feio, o ritmo e a arritmia, a harmonia e a desarmonia, etc. Nem tudo é igual ou sem importância: tudo depende do olhar do observador e daquilo que ele valoriza em sua mente, em seu coração. É preciso perceber que há produção de boa e de má qualidade e, como para todo artista, as obras serão testemunhas e darão prova da sua qualidade e perfeição. Pelas obras é que se reconhece o artista, e o mesmo se pode dizer das pessoas: são pelas obras de caridade e de ajuda ao próximo que saberemos quão belos eram o coração e a mente da pessoa. Pelas obras seremos dignificados ou não, pois é necessário estudo e trabalho, ajuda ao próximo e amor para transformar uma simples vida em uma verdadeira obra de arte.

Muitos se dedicam a trabalhos específicos que se alinham com os seus valores e interesses pessoais, suas zonas de paz e de lembranças queridas. Todavia, poucos se dedicam aos trabalhos do mestre Nazareno nas zonas de paz e lembranças queridas dele. Não nos esqueçamos de que os bons servidores são aqueles que não escolhem ou desdenham serviços, e aprendamos a confiar em nós mesmos e em Cristo, já que um bom artista não tem medo de novos campos a serem explorados e de sair de sua zona de conforto. Grande é o artista que trabalha com seus interesses e valores, mas maior é aquele que trabalha com os interesses e valores de Jesus.

21. Saída do labirinto

Nunca ouviste o dito de Focílides, de que quando se tem com que viver, se deve praticar a virtude? (Livro III, p. 100)

A sublimação é o caminho da alma, sendo o corpo físico mero instrumento de aperfeiçoamento do espírito. Todavia, muitos ainda confundem preparar-se para viver com gozar para viver e fazem do espetáculo dos sentidos verdadeiros fins em si mesmos em vez de meros coadjuvantes. Muitos ainda confundem o excesso com liberdade ao invés de seu aprisionamento, e fazem do vício o seu maior amigo, quando deveria ser o contrário. Eles preferem se deixar aprisionar pelos vícios do sentido do que brigar pela liberdade e pelo crescimento pessoal, e muitos desses vícios vêm pelos prazeres materiais e pelo uso equivocado do excesso da moeda. Dessa forma, preciosas são as palavras de Sócrates, que exigem prudência e retidão na abundância material, pois muitas são as tentações que podem fazer com que se descambe para uma vida indigna e cheia de barbárie.

Infelizmente, muitos ainda não sabem por qual motivo vieram para esta vida, tampouco conseguem ter prioridades relacionadas à virtude e à disciplina. São como pessoas perdidas em um verdadeiro labirinto e que, devido ao grau de ignorância, nem sabem que estão em um labirinto que exige reforma íntima e caridade, conhecimento e disciplina para a abertura da porta de saída. Muitos se acham especiais, mas sem saber o porquê, e não sabem de seu futuro, tampouco do seu passado. Vivem presos em um presente que exige o *carpe diem* como se ainda vivessem na Idade Média, desprovidos de informação esclarecedora e conhecimentos edificantes.

Todavia, o tempo sempre passa e cobra a conta. A mocidade se esvazia em um piscar de olhos; o corpo físico, que parecia o reino do Universo e que tudo podia e aguentava, já não demonstra força suficiente para as extravagâncias do ego. Resta apenas perceber os erros do passado e as limitações da matéria. O desperdício de tempo precioso e de recursos sempre é um remorso para os que acordam atrasados, e por essa razão fazer pouco com a possibilidade de ter feito muito sempre é uma sensação de derrota.

Na sementeira do bem, a caridade é sempre testemunha dos passos dados por uma pessoa na Terra. Feliz é aquele que conseguiu praticar a virtude no tempo correto. Antes tarde do que nunca, certamente, mas quanto antes, melhor. Nas sábias palavras do apóstolo dos gentios, Paulo de Tarso: "Vós, pois, como eleitos de Deus, santos e amados, revesti-vos de entranhas de misericórdia, de benignidade, humildade, mansidão, longanimidade" (Col. 3: 12).

22. O maior educador

Se era filho de um deus, não pretendia lucros sórdidos; se pretendia lucros sórdidos, não era filho de um deus. (Livro III, p. 102)

A exploração do homem pelo homem certamente não é o papel esperado e desejado de alguém espiritualizado. Cabe à sua consciência interior alertar sobre os perigos da exploração, pois toda semeadura tem sua colheita obrigatória e cada ação tem sua reação. Não ganharemos admiração, tampouco simpatia, pelo contrário: devemos aprender a viver sob a lei da ação e reação e a esperar pela colheita obrigatória. O planejamento de uma vida e o agir de forma racional e ética faz com que não haja surpresas no final dela. A ética e o hábito de se autorrefletir sobre o que se fez de bom, o que se fez de ruim e o que se pode melhorar tem ajudado a humanidade desde a época de Pitágoras (570 a. C.-495 a. C.). Por isso, uma autorreflexão crítica para o autoaperfeiçoamento e refazimento dos erros e pagamento das dívidas é uma forma de ir "se jogando" com as regras da ação e reação sem explorar ninguém e sem ser explorado.

Assim como faz parte da caridade "dar o peixe" quando necessário, isto é, quando há realmente situação de risco e fragilidade momentânea do ser, também é preciso "ensinar a pescar", pois é assim que se dá a independência a outra pessoa e se devolve a dignidade humana: tanto "dar o peixe" quanto "ensinar a pescar" são meritórios e lições a serem aprendidas em momentos diferentes. "Dar o peixe" pode significar a doação tanto material quanto imaterial de uma palavra amiga, um abraço humano, um gesto de carinho; já o "ensinar a pescar" é, certamente, a educação, que torna a pessoa independente e autônoma, que a faz crescer de forma forte e que a torna uma futura doadora. O poder da educação está no crescimento de pessoas que doam, do aumento da caridade de forma a retirar do sofrimento o irmão que necessita.

Todavia, essa educação precisa ser complementada com outras virtudes, competências, conhecimentos e arrimos. Jesus é o grande educador da humanidade, então precisamos aprender a seguir seus passos e perceber que a vida é uma simples caminhada de acúmulo de conhecimentos, virtudes, amigos que fizemos no caminho e obras que enobrecem a humanidade. Seguimos, portanto, os passos do filho de Deus, que melhor exemplifica as lições a serem aprendidas por nós.

23. Educações

Parece-me, Adimanto, que o impulso que cada um tomar com a educação, determinará o que há de seguir. Ou cada ovelha não busca sempre sua parelha? (Livro IV, p. 118)

A educação pode ser desmembrada em duas faces: a polidez e a profissionalização. A primeira está relacionada à maneira como tratamos outras pessoas. Por isso falamos sobre a polidez no modo, no jeito de falar e de se vestir, sobre a educação aprendida principalmente no reduto doméstico, na imitação do comportamento dos pais em relação aos outros, etc. A polidez dos gestos e da fala representa um aspecto importante no comportamento do indivíduo na sociedade. Por outro lado, sua profissionalização representa aquilo que ela está aprendendo e exercendo em sua carreira profissional e no mercado de trabalho. Na universidade, educa-se principalmente à profissionalização, pois o caráter do indivíduo e seu modo de comportamento já vêm sendo moldados há muito tempo. Em outras palavras, tanto a polidez quanto a profissionalização devem se complementar para que haja um indivíduo a servir de modelo para outros seguirem.

Tanto a polidez quanto a profissionalização carregam os valores pessoais, que representam a essência da pessoa. Por valores pode-se entender tanto os critérios internos quanto algumas crenças pessoais que auxiliam a pessoa a julgar, valorizar e priorizar alguns elementos em vez de outros. Pelo nosso sistema de valores pessoais tomamos as nossas decisões e também tendemos a nos aproximar ou nos afastar de certas pessoas que reforçam ou repulsam nossos valores. É por meio destes que avaliamos a amizade, o relacionamento interpessoal e o companheirismo, assim como também seremos medidos pelos valores de outros. Ter em nossa proximidade pessoas de bem e que também aspiram à grandeza de uma vida enobrecida pelos sentimentos, pelas ações e pela caridade torna-se aspecto relevante em nossa jornada. Até mesmo Jesus precisou buscar companheiros em sua caminhada para instruir e motivar, animar e continuar, compartilhar e multiplicar. Desse modo, cuide dos seus valores pessoais e de seus desejos e anseios como se fossem seus verdadeiros bens sagrados que farão a sua vitória ou derrota na Terra, pois nas palavras do mestre Jesus: "Onde estiver o teu tesouro, aí também estará o teu coração" (Mat. 6: 21).

24. Humildade convidativa

Porque zangar-se com quem fala para nosso bem não tem qualquer encanto. (Livro IV, p. 119)

A humildade é uma virtude ímpar em nossa jornada de aprimoramento e aprendizagem, pois permite que levantemos voos além de conhecimentos parciais para verdades maiores e para outros pontos de vista e observações. Todavia, muitas vezes ficamos chateados com familiares, amigos e colegas que dão palpites e sugestões com a intenção de ajudar e acrescentar, e essa falta de humildade não apenas faz com que se perca a possibilidade do aproveitamento da melhora como também acaba impedindo amigos sinceros de nos ajudar e ensinar algumas valiosas lições. Todos podem, portanto, aprender e ensinar algo.

A vida é muito rica de experiências e conhecimentos difusos, e a humildade deve fazer parte dela, pois faz angariar simpatia nos corações alheios. Ela representa um aspecto fundamental na educação, que é a polidez, e é pela polidez dos atos que podemos ter uma ideia do caráter que a pessoa carrega e da facilidade ou dificuldade de convivência com ela. Pessoas polidas tendem a ser nobres em seus atos e gestos, palavras e sentimentos. A falta de polidez, por outro lado, demonstra, ainda, falhas graves que exigirão aprendizagem e correção em períodos futuros, por meio, por exemplo, de lições a serem aprendidas para a elevação do aluno. O aparo de arestas representa um passo adiante para a evolução do ser; entretanto, enquanto que para o indivíduo polido há mais pessoas interessadas em ajudar pela facilidade do trato pessoal, para o que necessita ser polido há menos pessoas predispostas devido, principalmente, a essas falhas de comportamento, o que torna a tarefa mais árdua ainda. Portanto, é mais vantajoso ser polido e educado.

À vista disso, polidez e educação exigem uma verdadeira batalha interna, intrapessoal, que será travada com os valores pessoais do indivíduo visando ao seu autoaperfeiçoamento. Muitas vezes, a providência precisa usar de subterfúgios extremos, como um contexto muito duro e dolorido, para fazer com que o indivíduo se ajoelhe e aprenda sobre a humildade, considerada uma lição importante demais para ser deixada para trás. Feliz, pois, é aquele que consegue aprendê-la sem ter derramado nenhuma lágrima e que teve ouvidos e escutou o valor da humildade para angariar e manter amizades que o permitirão correr com mais velocidade em sua jornada de aprendizagem durante o período na Terra. Além disso, é feliz também aquele que conta com amizades que o impulsionam para uma vida de grandezas espirituais e caridade salvadora, e que tem abundância de alegrias e progresso pessoal com e pelos amigos.

25. A boa escolha

Ora, pois, essa mesma qualidade, a ponderação, é evidente que é uma espécie de ciência. Efetivamente, não é pela ignorância, mas pela ciência, que se delibera bem. (Livro IV, p. 122)

A ponderação é a virtude de se evitar escolher pontos extremos em situações de escolha, como encontramos no conceito de "caminho do meio", expresso no budismo, e na ideia de caminho estreito ou fio da navalha, expressa no cristianismo. A ponderação representa o evitamento de situações de penúria, como a fome ou a falta de cuidados pessoais, mas também do extremo oposto, como a gula e a vaidade, por exemplo. A ponderação é fundamental, por exemplo, para contornar os sete pecados capitais, que apontam o excesso de algo dentro de um determinado aspecto: essa virtude representa postura e atitude salutares e ascéticas do indivíduo diante da escolha entre soberba e humildade, avareza e doação, luxúria e castidade, inveja e bondade, gula e temperança, ira e paciência, preguiça e diligência.

Ponderar significa escolher com juízo, maturidade e responsabilidade, e representa não apenas "pesar" na balança os prós e contras de cada ação, mas também – e fundamentalmente – quais frutos queremos colher. Cada ação representa uma reação e cada desejo representa uma semente que um dia florescerá. A questão é: qual tipo de semente queremos semear e multiplicar? Qual é o rastro e a lembrança que gostaríamos de deixar para os outros e para nós mesmos na escola da vida?

Para Sócrates, a ponderação é uma forma de se deliberar bem, já que também permite que as decisões sejam refletidas em suas consequências, bem como permite uma averiguação dos vários fatores que influenciam nas decisões, diferentemente do que se testemunha no simples desejo material, que toma as decisões por impulso e sem consulta, tal como se percebe nas ações de um ditador. Viver com ponderação é afastar-se da ditadura da matéria, da recompensa imediata e da curta duração dos prazeres materiais para a busca de uma felicidade mais duradoura e plena do espírito. Pela ponderação, a vida é vivida pela razão e não pelos sentidos físicos apenas. Por isso, a ponderação é descrita n'*A República* de Platão e Sócrates como uma ciência que se delibera bem. Vivemos com ponderação para buscar os frutos doces de uma consciência tranquila e que tenha orgulho do caminho trilhado, e não há tesouro maior do que ter acumulado riquezas imateriais por meio da caridade e dos amigos por causa do amor. "A caridade jamais se acaba" (Paulo, 1 Cor. 13: 8).

26. Condimentos da vida

A temperança é uma espécie de ordenação, e ainda o domínio de certos prazeres e desejos, como quando dizem, não entendo bem de que maneira, 'ser senhor de si', e empregam outras expressões no gênero que são como que vestígios dessa virtude. Não é assim? (Livro IV, p. 125)

A temperança e a ponderação são atitudes de se viver a vida com mais juízo e responsabilidade, tendo em mente as consequências de cada ação e refletindo sobre que tipo de fruto se quer colher frente à lei da ação e reação. Apenas com temperança e ponderação o indivíduo é senhor de si mesmo, evitando ser escravo da matéria e, principalmente, dos desejos e tentações do seu corpo material, pois o corpo espiritual deve ser senhor da matéria, e não servo. É necessário, porém, que o cavaleiro tenha dominado e domado seu animal. Quem se deixa ser levado pelas tentações e impulsos da matéria representa o cavaleiro que se deixa ser guiado, e o seu destino será onde o seu cavalo quiser ir. Nesse caso, ele não é senhor de si, mas sim um simples passageiro na vida da qual deveria ser protagonista principal e condutor de seu próprio destino.

Por meio da temperança e da ponderação, o julgamento se faz pela reflexão e pelo "esfriamento" dos juízos e das têmporas. Ou seja, não se toma decisões sob o "calor do momento", tampouco com a cabeça quente. É necessário preparar, por isso, o terreno para a razão e também para uma reflexão mais profunda e ampla. Deliberar com calma e com condições de refletir representa um exercício importante para que se possa acumular mais boas decisões ao invés de decisões ruins ao longo do tempo, pois pela qualidade das decisões é que se pode dizer se a pessoa será mais ou menos feliz. Para muitos, uma sequência de respirações longas e profundas para oxigenar a mente e esfriar os ânimos pode representar um passo importante para evitar a queda em armadilhas do momento. Vivemos com o peso e a responsabilidade das decisões, e apenas uma mente infantilizada vê o contrário.

A temperança e a ponderação são aspectos fundamentais para a nossa própria felicidade e também para as pessoas que estão à nossa volta. Pessoas infelizes buscam chamar a atenção e pedir ajuda de forma estranha e não raramente ferem outras pessoas, uma vez que a sua alma está transbordando de dor. Já pessoas felizes transbordam alegria e felicidade, e por isso buscam espalhar esse sentimento para os demais.

A temperança e a ponderação não representam viver a vida de forma morna e sem graça. Ao contrário: é com essas qualidades que o indivíduo consegue superar suas limitações do momento. Além do mais, elas possibilitam, por meio da razão, inquirir com mais profundidade e refletir sobre a melhor forma de agir e de ser feliz plena e sustentavelmente, sem consequências indesejadas no futuro, sobretudo ajudando o maior número de pessoas. Feliz é aquele que vive sob a ordenação da temperança e da ponderação, pois os amigos têm prazer de tê-lo por perto.

27. A educação do Senhor de Si

Mas esta expressão [senhor de si] parece-me significar que na alma do homem há como que uma parte melhor e outra pior; quando a melhor por natureza domina a pior, chama-se a isso 'senhor de si', o que é um elogio, sem dúvida; porém, quando devido a uma má educação ou companhia, a parte melhor, sendo menor, é dominada pela superabundância da pior, a tal expressão censura o fato como coisa vergonhosa, e chama ao homem que se encontra nessa situação escravo de si mesmo e libertino. (Livro IV, p. 125)

O processo de aprimoramento e perfectibilidade humana exige tempo e disciplina. A autorreflexão e o autoaperfeiçoamento não são transformações imediatas do ser, mas se tratam do rompimento com hábitos ruins e pensamentos errôneos e o refazimento do ser de dentro para fora. Não se trata de uma violência do exterior para o interior, e sim de uma transmutação vinda de dentro. Nesse caso, não apenas a boa educação é válida, mas também a companhia de pessoas mais esclarecidas pode ajudar nessa mudança.

A educação, contudo, não significa necessariamente a educação profissional, mas também, e principalmente, a educação de seus valores pessoais, trato em relação ao mundo, despertar dos propósitos elevados de vida e do conhecimento para enfrentar e ter sucesso na vida. Já a boa companhia é fundamental para ser ponto de apoio em dificuldades, esclarecer dúvidas e dar sugestões. A jornada de autotransformação é longa e melhor trilhada em um bom grupo. Em outras palavras: "Aquele que anda com homens sábios será sábio, mas um companheiro de tolos será destruído" (Prov. 13: 20). Sócrates precisava de seus discípulos para refinar melhor suas teorias e dar continuação à sua obra, e por isso é necessário um companheirismo de qualidade, pois a má companhia pode prejudicar todo o grupo.

Além disso, é necessário zelar pelo que está dentro de nós e por nossas inclinações, desejos e talentos. Há uma lenda da etnia norte-americana Cherokee que trata da luta entre dois lobos, um mau e outro bom, cujo vencedor é aquele que é mais bem alimentado. O mesmo parece acontecer no nosso ser íntimo, na nossa consciência e no mundo interior. Temos dois impulsos opostos, de fazer o bem ou não. Qual seria o mais forte? Aquele que é melhor alimentado e nutrido, assim como na lenda Cherokee. Deixemos de alimentar, então, o lobo ruim e passemos a cuidar e alimentar apenas o lobo bom com conhecimentos, leituras edificantes, gratidão pelos pequenos e grandes eventos que acontecem no nosso dia a dia, orações que energizam a nossa alma e, principalmente, com o trabalho altruísta da caridade, que nos faz receber mais do que dar.

O famoso cientista Albert Einstein disse certa vez que "Deus não joga dados com o Universo". Ou seja, nada é por acaso. Sejamos, pois, construtores conscientes de nosso futuro e trabalhemos em prol do nosso lado que contém luz, pois não há acaso, apenas merecimento e consequências.

28. Limitações e superações

Mas sentimentos simples e moderados, dirigidos pelo raciocínio conjugado com o entendimento e a reta opinião, em pouca gente os encontrarás, e só nos de natureza superior, e formados por uma educação superior. (Livro IV, p. 126)

Os sentimentos são a porta da alma e da emoção. Por meio deles podemos tanto julgar de forma apressada e segundo nossos interesses pessoais quanto, de forma mais racional, buscar a verdade ampla e universal. Sentimentos como a paixão e a preguiça podem distorcer nossos julgamentos, por isso precisamos agir para nos desidentificar com os hábitos ruins e sempre lembrar que os sentimentos vêm de nossos sensos de percepção, estes restritos e limitados.

Temos uma visão que vê apenas uma fração do espectro da luz, indo das frequências das cores vermelha à violeta. À luz que pertence a uma faixa abaixo do vermelho chamamos de luz infravermelha, enquanto que as que vão além do violeta, de ultravioleta. Nós não conseguimos enxergá-las a olho nu, mas podemos medi-las por meio de aparelhos e outros instrumentos mais precisos que os nossos olhos. No caso dos ouvidos, há faixas de som que nós não conseguimos escutar, mas que outros animais podem, como, por exemplo, animais domésticos como o cão ou o gato, que têm uma sensibilidade maior ao som que o ser humano, como percebemos quando um cão se assusta com o estouro de fogos de artifício devido à sua acuidade sonora. Já um morcego, por exemplo, consegue se deslocar mesmo no escuro devido ao seu aparelho sonar de ultrassom. No caso do olfato, também ocorre que muitos animais desenvolveram sistemas mais sofisticados e precisos do que o olfato humano. Na selva, ter um olfato apurado pode significar viver ou morrer. Em suma, não são pelos sentidos da visão, audição e olfato que o ser humano leva vantagens sobre os outros animais, tampouco pelo tato ou paladar. Há no ser humano a centelha divina manifestada por meio da inteligência e da imaginação que o diferenciam de outros animais, e tanto por meio de uma quanto de outra há o uso do raciocínio de forma engenhosa e construtiva para a resolução de problemas e para seu aperfeiçoamento. Por meio da inteligência e da imaginação, o ser humano conseguiu superar suas limitações dos sentidos e partir para áreas mais abstratas e simbólicas, nas quais leva vantagens sobre os outros animais, bem como na construção de objetos e instrumentos práticos.

Assim, tenhamos sentimentos simples e moderados para que não fiquemos presos às nossas paixões e orgulho, que restringem a capacidade de usar nossa plena inteligência, intuição e imaginação. Não confiemos totalmente em nossos sentidos físicos, uma vez que eles são limitados, mas, ao contrário, confiemos sim em nosso desenvolvimento moral e no exemplo dado por Jesus para seguir no caminho correto, pois, se faltar força e vontade, que tenhamos a inteligência e a imaginação de seguir os passos do mestre no trilho do bem, da verdade universal e de uma realidade superior que ultrapassa o simples reino da matéria e das limitações dos sentidos físicos. "Pois somos cooperadores de Deus" (Paulo, 1 Cor. 3: 9).

29. Similaridade

Por conseguinte, o homem justo, no que respeita à noção de justiça, nada diferirá da cidade justa, mas será semelhante a ela. (Livro IV, p. 130)

Há um ditado clássico da alquimia que diz que "o que está acima, está abaixo". Essa transposição de níveis do coletivo para o individual, do macrocosmo para o microcosmo e vice-versa representa a continuidade de um nível com o outro, bem como sua composição. Não há como ter uma coletividade saudável e justa se no nível individual prevalecer a doença e a injustiça. Portanto, um nível depende do outro, um nível representa o outro. Se queremos uma coletividade mais justa, necessitamos ter indivíduos mais justos e em maior quantidade do que indivíduos injustos. Além disso, o conceito de justiça será similar tanto para a cidade quanto para o indivíduo: especificamente, o homem justo é um homem virtuoso que busca o bem, o belo, a grandeza e a justiça. Em outras palavras, é um homem espiritualizado que busca seu crescimento e progresso colaborando com os outros e auxiliando-os em seu desenvolvimento. O homem justo é um homem enobrecido em seus sentimentos e em suas práticas de caridade e ações voltadas para o bem do próximo, e em muito se parece com uma cidade justa que busca envolver seus cidadãos com valores altruístas e de bem comum, assim como ações para o progresso e desenvolvimento de todos.

Um homem está no campo e busca recolher alguns gravetos e depois tenta quebrá-los para fazer uma fogueira com eles. Quanto mais gravetos tiver na mão, menor é a chance de conseguir quebrar os gravetos todos de uma vez. Ou seja, quebrar gravetos um por um é tarefa fácil, mas quebrar muitos gravetos de uma única vez é tarefa hercúlea. O mesmo raciocínio se dá com a quebra de cidades justas: quanto mais cidadãos justos houver na cidade, menor é a chance de injustiças. Esforcemo-nos, então, para aumentar o número de cidadãos justos, que apreciam a busca da verdade e da moral de forma ampla e universal e que buscam na caridade e no altruísmo a ação que alimenta a alma. Busquemos ser os que trazem palavras de consolo e paz ao invés de conflitos, os que aquecem corações ao invés de desanimá-los e os que procuram a verdade maior que ultrapasse as simples limitações da matéria e dos sensos e sentidos físicos. Grande é o homem das ciências, mas maior é aquele que vê em Jesus o mestre a ser seguido e imitado.

30. Vida-arte

Porquanto, talvez seja verdadeiro, amigo Sócrates, o provérbio que diz que as coisas belas são difíceis. (Livro IV, p. 130)

O belo e a beleza representam o refinamento do gosto e, por isso, não se apresentam de imediato aos olhos e sentidos materiais do indivíduo. Para percebê-los é necessário buscar a ajuda da razão e da moral superior para descortinar as aparências e enfeites que costumam enganar os desavisados e suspender todo o juízo e julgamento iniciais do fenômeno para depreender minuciosamente, por meio da crítica e da reflexão, a comparação com padrões anteriores e ideais almejados, se são ou não belos, isto é, se há ou não beleza. O mesmo parece acontecer com a leitura e apreciação das pinturas, esculturas e outras obras de arte. A busca por valores universais e consagrados por pessoas de valores e moral superiores representa padrões de referência. Entretanto, fazer uma obra de arte não significa a simples manipulação da matéria física para modificar a aparência. Vai mais além. É necessário transmutar a matéria em algo superior que ultrapasse a própria matéria, que insira uma essência de valores universais e moralmente superiores. Não é uma tarefa fácil, pois fazer arte verdadeira não é para todos, e por isso há o provérbio de que "as coisas belas são difíceis".

Talvez por isso, por sua dificuldade e raridade, é que se valoriza tanto o que é belo e a beleza, bem como a arte superior. Elas acalmam a alma e dão esperanças e motivação para transformar a própria vida em algo sublime, algo superior. Muitos são aqueles que desperdiçam as oportunidades de embelezamento da vida por meio da preguiça e da ignorância, e poucos são aqueles que têm a disciplina para transformar sua vida e suas ações em uma existência bela que exprima grandeza na busca do transcendente.

A busca do belo, da verdade, da grandeza e do bem é qualidade do homem justo, do homem enobrecido de valores e propósitos, atitudes e ações que darão testemunho positivo sobre sua passagem na Terra. Grandes são os que conseguem escutar o chamado para o enobrecimento da vida, mas maiores são aqueles que conseguem transformar as dificuldades em nobres exemplos de entrega e resultados de uma vida que pode ser chamada de uma sublime obra de arte. Vida-arte, arte-vida: as cicatrizes muitas vezes mostram apenas a beleza de uma alma trabalhadora, justa e que se esforçou na vida para o seu aprimoramento.

31. O caminho prudente

Assim, cada desejo em si é apenas o desejo de cada objeto em vista do qual se originou, e o desejo de uma coisa determinada depende desta ou daquela qualidade adicional.(Livro IV, p. 133)

Uma vida feliz representa uma vida com desejos corretos realizados ou, ao menos, que esteja em busca da sua direção, caso se trate de um desejo muito complexo e de difícil alcance. Nesse caso, o progresso é um indicador de estar ou não indo na direção certa e na velocidade coerente. A felicidade está, de certo modo, atrelada à satisfação ou não dos desejos, o que torna os conceitos de felicidade e satisfação muito próximos. Além disso, o importante é estar na trilha dos desejos corretos e não em ilusões e armadilhas do destino.

De certo modo, o caminho de um homem prudente é ter poucos desejos e saber focar nos desejos realmente importantes para a sua vida. O tolo, pelo contrário, tem muitos desejos e ainda busca os desejos que são urgentes, mas nada acrescentam ao enobrecimento de sua vida. Nesse caso, há uma diferença de eficácia muito grande entre os dois seres, principalmente em sua satisfação-felicidade.

Em outros termos, ter poucos e importantes desejos significa ser criterioso e ter um norte para onde ir. Nem tudo serve e nem tudo é conveniente à sua busca. Desejos materiais, passageiros e de simples consumo precisam ser analisados com seriedade e não devem guiar o indivíduo de forma cega e sem reflexões mais profundas. Esse é o senhor de sua vida, e não seus desejos e sentidos materiais. Portanto, frear a ditadura dos sentidos representa um passo importante na aquisição do controle e da direção da vida.

O tempo é um recurso escasso e precioso na vida de uma pessoa. Por isso, é necessária essa distinção entre algo importante e urgente. Muitas vezes, pela nossa desorganização das atividades e falta de eficiência, como também pelas eventualidades que emergem de forma imprevista, surgem eventos e ações que são tão urgentes que exigem de nós um foco imediato em certos assuntos e atividades que não podem esperar. Todavia, nem tudo que é urgente é importante. Não raro, desperdiçamos tempo e energia, recursos e consciência em algo que só é urgente, mas nem um pouco importante. "Reluz, mas nem é ouro", observa o dito popular. Com disciplina e ponderação, podemos evitar o acúmulo de assuntos urgentes sem importância e, ainda, podemos caminhar na direção daquilo que, na vida, realmente vale a pena viver e sofrer, desejar e conquistar, algo que ultrapasse todos os valores do sacrifício pessoal e que possa justificar a tranquilidade do dever cumprido quando o corpo físico não mais tiver forças.

Portanto, ter desejos salutares e buscar realmente com disciplina e ponderação aquilo que é importante para o enobrecimento do indivíduo é o que faz uma vida ser digna de uma pessoa sensata e justa, uma pessoa, enfim, cheia de virtudes. "Porque para isto sois chamados, pois também o Cristo padeceu por nós, deixando-nos o exemplo" (1 Ped. 2: 21).

32. Domínio interior

E denominamo-lo de sábio, em atenção àquela pequena parte pela qual governa o seu interior e fornece essas instruções, parte essa que possui, por sua vez, a ciência do que convém a cada um e a todos em conjuntos, dos três elementos da alma. (Livro IV, p. 138)

Sábio é aquele que está no controle de sua vida por meio da razão e que sabe controlar seus desejos e emoções. Ou seja, é aquele que consegue controlar os três elementos da alma: o racional, o concupiscível e o irascível. O elemento racional tem conexão com o uso da razão, enquanto que o concupiscível tem a ver com a capacidade da busca dos prazeres e dos desejos. Já o irascível está ligado ao humor e à raiva, que podem variar as emoções do próprio indivíduo. Então, para Sócrates, o ser virtuoso e justo consegue governar seu mundo interior e se tornar uma pessoa com sabedoria, coragem e moderação. Todavia, não é uma tarefa fácil e de curta duração o domínio dos três elementos da alma: é uma busca na qual a felicidade não é uma linha de chegada, mas a própria viagem de autoaperfeiçoamento e experimentação.

A sabedoria é alcançada de forma exaustiva pela busca do conhecimento e sua aplicação prática, pois o mundo do conhecimento é muito vasto e os livros e a razão, portanto, devem ser os melhores amigos nessa viagem. Conhecer o mundo inteiro sem conhecer o mundo interior não representa a figura do sábio. É necessário, por isso, conhecer a si próprio também.

Já o elemento concupiscível representa o domínio sobre a busca dos prazeres e desejos. É o campo das paixões, do coração e daquilo que pode fazer com que o indivíduo se perca nos pecados do mundo. O vício sempre leva ao desejo de querer buscar mais e o excesso pode acabar com a saúde e a energia da pessoa. Saber preservar tais itens representa um aspecto importante na produtividade e na felicidade do indivíduo.

Por fim, o elemento irascível é a representação do humor e do modo raivoso ou não de ser da pessoa. Pessoas que apresentam instabilidade emocional, ou que estão constantemente iradas ou de mau humor, representam sempre um lado da fraqueza humana. Reclamar sempre e buscar sempre jogar mais lenha na fogueira do conflito não representam aspectos agradáveis do comportamento humano. Por isso é necessária a busca pela estabilidade e controle emocional, ou então pelo bom humor constante que aproxima e agrada aos outros, que representa uma tarefa importante para o enobrecimento interior. Grandes são aqueles que conseguem dominar o mundo exterior, mas maiores são aqueles que conseguem conquistar seu mundo interior e suas riquezas.

33. A estética da alma

A virtude será, ao que parece, uma espécie de saúde, beleza e bem-estar da alma: a doença, uma enfermidade, fealdade e debilidade. (Livro IV, p. 141)

A trilha da virtude representa um caminho seguro para o alcance de determinado propósito de vida. Viver com a perspectiva de estar indo pelo caminho certo tranquiliza a alma, bem como reafirma o ser humano em suas atividades, e o caminho da virtude representa o próprio respeito que o indivíduo tem consigo mesmo. A palavra respeito vem do latim *respectus* e significa "olhar novamente" ou "olhar atento e retrospectivo" para verificar se algo representa ou não a verdade. Dessa forma, ter respeito por si mesmo é uma forma de amor-próprio, de se proteger e de se importar com o próprio desenvolvimento, enquanto saúde, beleza e bem-estar da alma representam certas virtudes que podem nos auxiliar com esse autorrespeito. Este, por sua vez, faz com que sejamos mais prudentes com as nossas decisões e mais tolerantes para com os outros.

A saúde da alma vem pelo evitamento de confrontos e brigas desnecessárias. Com a maturidade, percebe-se que o importante não é se mostrar sempre certo, como uma espécie de campeão de esgrima verbal, mas sim ter a paz interior para produzir a exterior. Muitas vezes, é melhor calar-se do que ganhar inimigos por motivos banais e saber perder uma disputa por vaidade do que intoxicar a alma com mentiras, energias negativas e memórias desagradáveis. O silêncio tem seu poder e mistérios.

Já a beleza da alma vem pelo conhecimento adquirido, pela caridade praticada, pelo refinamento do gosto e pela percepção de que o imediatismo esconde um tesouro que precisa ser descoberto. O amor é luz que embeleza a alma e os sentimentos, e a caridade é o pássaro que faz essa entrega de luz. Além disso, a beleza superior é algo a ser conquistado e não vem pela passividade do indivíduo:

são necessários apuração e gosto refinado, razão e moral universal, conhecimento e experiência para viabilizar esse descortinamento do ser verdadeiro, longe do ego vil e do mundo das ilusões passageiras. Por fim, mas não menos importante, é necessário o bem-estar da alma. A alma precisa estar contente consigo mesma e motivada para continuar em passos disciplinados para o seu desenvolvimento, e essa motivação pode vir tanto do propósito de vida definida pelo ser como também pela própria saúde e beleza interior adquiridas até então. Estas últimas são pistas de que a pessoa está trilhando o caminho correto.

O progresso da paisagem torna a viagem mais atrativa e, consequentemente, provoca a vontade de querer continuar caminhando nessa direção, diferentemente daquele que escolhe um caminho torto e cheio de sofrimentos. Vícios, companheiros errados de caminhada, falta de conhecimento, paixões delirantes, etc. são motivos que fazem com que a pessoa escolha o caminho que leva à doença, enfermidade, fealdade e debilidade da alma. Infelizmente, muitos preferem trilhar esse caminho, pois ainda estão subjugados pela materialidade da vida, por visões passageiras e consumistas, pelas paixões inferiores e por leituras nada edificantes.

Aprendamos a combater a secura de nossos conhecimentos e a acender as luzes de nosso coração, pois um dia seremos o dono do candeeiro que vai ajudar os nossos irmãos a ver e alcançar o caminho correto do progresso. Até então, vamos combatendo o nosso egoísmo e a nossa vaidade, pois é preciso preparar o caminho de nossa caminhada até os nossos irmãos mais necessitados. Mas, antes de ajudarmos, tratemos de nos fortalecer e nos curar, pois uma pessoa sã e equilibrada pode ajudar mais e melhor.

34. Novo Sol

De fato, havemos de honrar os valentes, na medida em que evidenciarem a sua valentia, nos sacrifícios e em todas as cerimônias dessa espécie, com hinos e as recompensas que há momentos referimos, e, além disso, 'com lugares de honra, carnes e taças a transbordar', a fim de, ao mesmo tempo em que os honramos, irmos modelando homens e mulheres valorosos. (Livro V, p. 165)

A humanidade vem progredindo por meio de valentes irmãos e irmãs que chegaram antes de nós ao caminho correto e deixaram acesos os seus candeeiros, tornando-se modelos a serem seguidos e imitados. E Jesus é o nosso modelo mais perfeito: ele sacrificou-se pelos outros, fez caridade com as palavras, com os gestos, com seu próprio sentimento, distribuiu pão e ensinou a pescar. Jesus conseguiu trazer uma nova lição à humanidade, deixando superada a lei de Talião do "olho por olho, dente por dente" com a profunda passagem do "ama-te ao próximo como a ti mesmo". É a regra de ouro, da excelência nos relacionamentos e no amor, da empatia e da simpatia.

Contudo, apesar de parecer uma regra simples para enfrentar um mundo complexo, sua aplicação representa desafios para toda uma vida. Muitos querem ter a fama e a honra de Jesus, mas poucos querem trilhar seu caminho, e muitos são aqueles que escutam a lição, mas poucos são aqueles que internalizam e aplicam seus conhecimentos na prática. A hipocrisia de dizer e não fazer ou vivenciar os valores representa uma falha de caráter, assim como o excesso de egoísmo e vaidade nos tempos modernos torna cada vez mais difícil a tarefa de fazer pelos outros, de se importar com os outros, de se colocar no lugar do próximo. A hipocrisia e a vaidade são duas sementes que representam campos de combate para o burilamento de nosso ser, por isso precisamos podar o egoísmo para que haja altruísmo e a vaidade para que se tenha humildade. Apenas com altruísmo e humildade é possível seguir cada vez mais próximo de Jesus, nosso porto seguro, e com caridade e conhecimento permanecemos unidos. Precisamos cada vez mais fortalecer nossos conhecimentos, enriquecer nossos corações com amor e fraternidade e trabalhar com caridade para que nossas obras deem testemunho de nossa luz interior. Sejamos, portanto, como Jesus, e aprendamos também a deixar aceso nosso candeeiro para que outros irmãos e irmãs o vejam e possam ser socorridos.

A iluminação integral da Terra acontecerá quando todos tiverem sua luz própria e, assim, poderemos chamar a Terra de um Novo Sol na vida do Universo.

35. Generosidade intelectual

Mas àquele que deseja prontamente provar de todas as ciências e se atira ao estudo com prazer e sem se saciar, a esse chamaremos com justiça filósofo, ou não? (Livro V, p. 172)

Sócrates chama de filósofo aquele que busca o conhecimento amplo e profundo, pela verdade universal, para a prática do bem e do belo para o engrandecimento do ser, isto é, um indivíduo em constante atualização e aperfeiçoamento, que não se sacia, que não cansa de aprender e que serve de modelo para a humanidade. O filósofo é aquele que sabe o que fazer, que tem, portanto, condições de tomar as decisões certas na vida e, por isso, consegue trilhar o caminho da felicidade. Todavia, esse caminho não pode ser apenas o do acúmulo e retenção de conhecimento para si. É necessário que haja a retribuição e a devolução para a sociedade por meio da repassagem do conhecimento adiante ou da realização de obras que o justifiquem. Caso contrário, será apenas um caso de avareza intelectual. Em outras palavras, o avaro não é aquele que simplesmente economiza ou retém para si o peso da moeda: isso também acontece em termos de conhecimento e de outras passagens humanas, como aquele que não sabe fazer uma simples gentileza nas palavras ou que não retribui gentileza nenhuma, por exemplo.

O detentor de conhecimento precisa fazer circular sua aprendizagem para que esta volte crescida e possa ser novamente compartilhada. Algo semelhante ocorre na natureza: fluxo, refluxo e transformação são condições que acontecem nesse meio, como a água, por exemplo, que, para manter-se transparente e límpida, se mantém correndo; a água que empoça, por outro lado, fica suja e começa a perder suas qualidades atraentes a ponto de se denegrir. O mesmo acontece com o conhecimento. É necessário agir e servir, doar e ensinar, pois na atividade há aprendizagem e reflexão sobre o que deu certo, o que deu errado e onde se pode melhorar. Doação e compartilhamento, portanto, são maneiras de não segurar ou reter a informação.

A busca pelo autoaperfeiçoamento e pelo conhecimento é atividade contínua e certamente um projeto para a vida toda. Pode-se até dizer que a vida é aprendizagem e que estamos matriculados nessa escola, em que há lições mais fáceis e outras mais difíceis e na qual muitos conseguem passar em certas aprendizagens, mas outros precisam ficar retidos para novas tentativas. O importante é progredir e, certamente, antes tarde do que nunca. Melhor ainda é ser um bom e dedicado aprendiz que não nega o conhecimento e tampouco tem preguiça de fazer as obras, pois são as obras em relação aos outros que servirão de legado da pessoa para a humanidade. Entretanto, sempre é melhor uma obra realizada por uma pessoa simples do que por um indivíduo com mente rica e coração seco que não deixa obra nenhuma. O conhecimento possibilita organizar com mais efetividade os recursos disponíveis, mas se torna estéril se não há um coração bondoso e vontade, e certamente essa não é a filosofia proposta por Sócrates, tampouco por Jesus. Sejamos, por isso, o ser enobrecido que conhece e age com conhecimento, amor, vontade e comprometimento.

36. Verdade integral

Logo, aquele que realmente gosta de aprender deve, desde cedo, aspirar ao máximo à verdade integral. (Livro VI, p. 180)

A verdade parcial pode ser mais danosa para um grupo do que uma falsidade grosseira. Esta última é facilmente descoberta e consertada, mas uma verdade parcial é mais complicada e pode ocorrer devido a vários fatores, tais como: paixão do ser pelo tema; restrições de competência; conhecimentos incompletos; educação de pesquisa falha; falta de tempo e interesse para um estudo mais aprofundado; inclinação pelo resultado dado pela verdade parcial; complexidade do assunto; emoções positivas para certas pessoas que apoiam determinadas posições da verdade; emoções negativas para com as pessoas que apoiam uma versão diferente da verdade; falta de motivação para uma empreitada mais longa; falta de instrumento e tecnologia mais adequada para o alcance de resultados superiores, etc. Enfim, há muitas possibilidades de aparecimento e sustentação de verdades parciais. Entretanto, como bem lembra Sócrates, é necessário aspirar pela verdade integral, ou seja, uma verdade maior que ultrapasse o simples interesse pessoal, as miopias e as ilusões. Não é uma tarefa fácil, porém, os benefícios certamente valem a pena, e o bom filósofo, ou amigo do conhecimento, é aquele que tem sede pela aprendizagem e que não gosta de ser uma marionete de suas paixões e ilusões.

É necessário ter um conhecimento amplo e profundo, um olhar para as diferentes perspectivas e uma suspensão momentânea do julgamento e da tomada de decisão até que a razão tenha analisado e vasculhado todos os ângulos de determinada questão para, então, sintetizar um posicionamento. Ademais, nesse momento, é importante utilizar a análise, que fatia e divide, e a síntese, que integra e unifica as informações, para que a verdade se torne o elemento principal da questão, e não o pesquisador. O filósofo, então, como aquele que busca o conhecimento e a verdade, coloca seus interesses pessoais em segundo plano, pois sabe que a verdade integral é a que deve prevalecer. Como diria o mestre Jesus: "Conhecereis a verdade e a verdade vos libertará" (João 8: 32). Infelizmente, para muitos a corrente da ignorância e da prisão material torna-se, ainda, um pesado fardo para superação nessa vida. Além disso, é necessário superar muitas barreiras para o entendimento das verdades mais sublimes e que aproximam o ser humano de um ser de luz. Para aqueles que já estão no caminho da libertação, é importante que continuem com as leituras edificantes, trabalhando como obreiros que constroem não uma parede de tijolos, mas uma catedral de caridade e amor. Busquemos, então, a verdade integral, deixando de lado o nosso egoísmo e a vaidade, pois a nossa parcialidade representa, ainda, ato de superação para a verdade, o bem e o belo universal. Esse é o nosso desafio de grandeza: a integralidade do ser.

37. Reminiscências

Por conseguinte, jamais admitiremos uma alma sem memória entre as que são suficientemente filosóficas, mas antes procuraremos que ela seja necessariamente dotada de memória. (Livro VI, p. 182)

A aprendizagem está correlacionada com o ato de lembrar, de recuperar o conhecimento para aplicação em determinados fins. Sem memória não há história, tampouco identidade do próprio ser. Além disso, a memória está vinculada não apenas à estocagem e movimentação, recuperação e uso das informações, mas também aos sentimentos envolvidos em determinadas cenas e ações passadas. O bom aprendiz é aquele que sabe acumular e usar, da forma adequada, os conhecimentos que levam à felicidade e à paz interior para ele e para o maior número de pessoas. É na memória que se guarda a caridade, isto é, uma ação e atitude que visam ao bem, que podem servir de testemunhas favoráveis ao indivíduo quando ele precisar apresentar provas frente ao julgamento de sua passagem dessa vida para o que vier após ela.

O acúmulo de boas lembranças acontece também na memória dos outros, das pessoas com as quais convivemos, e não há tesouro mais valioso na Terra do que as doces recordações imprimidas na alma de outro ser. Não há testemunho mais valioso do que aquele feito por alguém desinteressado da nobreza dos sentimentos e do valor de nossas ações passadas quando já não estivermos aqui para nos defender. De certo modo, o passado nunca é perdido, pois sempre pode nos ajudar ou não de alguma forma. É como o conceito, por exemplo, do *karma* da tradição védica, que representa o atrelamento do indivíduo em constantes sucessões de nascimento, morte e nascimento, ou a questão do "aprender é recordar" de Platão e sua teoria da reminiscência. É necessário despertar o que está adormecido em nós!

Com isso, precisamos não apenas movimentar recursos e palavras, gestos e ações para o acúmulo da caridade em nossas memórias, mas também enriquecer a vida de terceiros com ações dignificantes e palavras de apoio. Ajudar aos outros é ajudar a nós mesmos, pois sempre somos beneficiados e transformados durante esse processo. Em outros termos, é uma ajuda mútua, um pacto de desenvolvimento e alavancagem, pois tanto quem recebe quanto quem oferece ajuda ganha, talvez este até mais do que aquele. É um fenômeno não estranho e conhecido devido ao poder benéfico e sua característica de espalhamento do amor.

Sigamos a máxima de Jesus de amar ao próximo como a nós mesmos, pois há muita sapiência nos ensinamentos do mestre. Ajudemos para sermos ajudados, amemos para sermos amados, pois "é dando que se recebe. É perdoando que se é perdoado; e é morrendo que se vive para a vida eterna" (Oração de São Francisco de Assis).

38. Asas da liberdade

Que os filósofos não são uns apaixonados do Ser e da verdade? (Livro VI, p. 198)

A filosofia é um campo da felicidade, pois não apenas direciona o ser ao conhecimento que tanto almeja, como também à sagrada missão de servir como modelo para outros indivíduos seguirem. Pelo conhecimento acumula-se potencial para errar menos e acertar mais, e pela ação altruística e virtuosa eleva-se sem humilhar e fazer propaganda e torna-se admirado pelas pessoas mais atentas.

O conhecimento se apropria. A caridade distribui.

O conhecimento se abstrai. A caridade concretiza.

O conhecimento se individualiza. A caridade unifica.

O conhecimento se esfria. A caridade aquece.

O conhecimento se racionaliza. A caridade emociona.

O conhecimento se envaidece. A caridade humaniza.

O conhecimento se endurece. A caridade suaviza.

O conhecimento se prende. A caridade liberta.

Conhecimento e caridade: uma dupla perseguição pelo bom filósofo, que sabe transformar a sua vida em um projeto de felicidade e enobrecimento. Buscam-se as luzes não apenas da razão, mas do coração e das mãos que trabalham pelo bom e pelo belo, pela verdade universal e pela grandeza. Conhecimento e caridade são fagulhas importantes para o acendimento da luz interior de cada um de nós. O crescimento de uma parte vai ajudando no desenvolvimento da outra, como respectivas asas que libertarão o ser do jugo da matéria e o farão alcançar searas nunca antes imaginadas.

Sejamos como os filósofos de Sócrates, que buscam essas asas com toda a energia, vontade e emoção, para que possamos ter sempre horizontes cada vez mais elevados, e sejamos aqueles que podem ajudar com mais propriedade a humanidade a se levantar para aspirações mais nobres e dignificantes do que a simples ilusão da matéria e do egoísmo, da vaidade e do orgulho.

39. Efetividade

Ou não seria ridículo pôr todo o empenho noutras coisas de pouca valia, esforçando-nos para que sejam o mais exatas e perfeitas que é possível, e não entender que as coisas mais importantes merecem mais exatidão? (Livro VI, p. 201)

Fazer as coisas certas corretamente: isso representa a essência de se aproveitar tempo, esforços e recursos para o alcance dos propósitos desejados. Na sabedoria do homem justo e que busca enobrecer seus sentimentos, inteligência e razão, é essencial saber distinguir o que é transitório do que é permanente, a efemeridade da matéria, e saber que haverá sofrimento em detrimento da busca por searas mais elevadas do espírito. Os fenômenos da matéria, o consumismo desenfreado e a insatisfação constante com seus desejos representam aspectos que precisam ser avaliados e limitados em detrimento da aprendizagem e do espírito.

Estás buscando o sucesso material? Não te olvides do sucesso do espírito.

Estás buscando o poder e prestígio da hierarquia organizacional? Não te olvides dos irmãos necessitados que precisam do amparo e do socorro de uma mão amiga que eleva sem agredir ou humilhar.

Estás buscando o conforto material? Não te olvides da doação desinteressada de bens materiais e imateriais para confortar teu irmão.

Estás buscando satisfazer teus desejos? Não te olvides dos desejos de progresso e corrigendas de teu próprio ser.

Estás buscando saciar tua fome do estômago? Não te olvides da tua fome espiritual.

É sempre necessário contrabalancear as exigências do corpo carnal com as do espírito para verificar até que ponto estamos mais interessados na matéria do que no espírito, pois, apesar de ambos serem necessários para essa vida na Terra, também é certa a superioridade do espírito diante da matéria. Sejamos o bom administrador que não esquece de nenhum dos dois, mas que ara e prepara a terra com conhecimento e amor, caridade e fraternidade, ação e meditação em prol da ascensão e grandeza do ser.

Para trilhar o bom caminho, lembremos sempre da sábia recomendação do apóstolo Paulo de Tarso, que disse: "Semeia-se corpo animal, ressuscitará corpo espiritual" (1 Cor. 15: 44). São sábias palavras que precisam ser digeridas e aproveitadas em nosso cotidiano, pois é necessário ponderação e prudência para trilhar o caminho estreito da reconciliação dos dois mundos. Grande é o que domou suas paixões e desejos, mas maior é aquele que libertou o espírito em luz.

40. Paraíso interior

Julgo que é mais por esta razão, uma vez que já me ouviste afirmar com frequência que a ideia do bem é a mais elevada das ciências, e que para ela é que a justiça e as outras virtudes se tornam úteis e valiosas. (Livro VI, p. 201)

Combater o ego e a vaidade representa a tarefa de jardineiro disciplinado que sempre está podando as ervas daninhas de seu jardim interior. O mesmo jardineiro não pode, contudo, se esquecer de plantar as belas e coloridas flores para embelezar e perfumar seu ambiente, pois não há flores mais belas do que aquelas plantadas por meio da caridade desinteressada, que não vira propaganda e que não agride e humilha quem a recebe. A caridade é sempre companheira-irmã da humildade e esta sempre é o adubo que faz tornar mais viçosa a primeira. Há flores de diferentes tipos e espécies como as que vêm pela doação material e monetária. Se há sofrimento pela falta de dinheiro e carência material, então certamente há caridade pela sua doação. Consequente, a doação vinda com sentimentos de amor e preocupação ao próximo torna essas flores mais brilhantes do que as sem amor.

Outras flores, mais sutis, vêm pelas palavras gentis e que reconfortam o ser interior. Palavras amigas, palavras doces de agradecimento, conversas de refazimento, perdão e reconciliação embelezam o jardim com suas pétalas delicadas e perfumes adocicados e nostálgicos.

Há flores pequenininhas, mas numerosas, que são os bons pensamentos frequentes que representam a caridade por meio de pensamentos otimistas e edificantes que brotam da mente e se espalham momentaneamente pelo jardim pessoal. Apesar da facilidade da mente em mudar de assunto, há sempre um padrão principal de comportamento, e as flores do pensamento representam muito da qualidade do ser.

Há flores de cores fortes, quentes e atraentes que vêm pela caridade do coração e que representam os sentimentos e emoções que fazem florir verdadeiras obras de arte no jardim interior do ser. Tais flores possuem um brilho tão intenso que se podem chamar de flores de luz, pois o amor é luz.

Sejamos como o jardineiro bom e fiel que não só poda os inços e as ervas daninhas invasoras, mas que também cria um jardim repleto de belas e brilhantes flores. Se um dia fomos expulsos de um certo jardim do Éden, que tenhamos a disciplina e o amor para recriar um jardim tão belo e grandioso que poderemos chamar de nosso paraíso interior.

41. O desafio da alegoria

Suponhamos uns homens numa habitação subterrânea em forma de caverna, com uma entrada aberta para a luz, que se estende por todo o comprimento desta gruta. Estão lá dentro desde a infância, algemados de pernas e pescoços, de tal maneira que só lhes é dado permanecer no mesmo lugar e olhar para frente; são incapazes de voltar a cabeça por causa dos grilhões; serve-lhes de iluminação um fogo que se queima ao longe, numa elevação, por detrás deles; entre a fogueira e os prisioneiros há um caminho ascendente, ao longo do qual se construiu um pequeno muro, no gênero dos tapumes que os homens dos 'robertos' colocam diante do público, para mostrarem as suas habilidades por cima deles. [...] Vejam também ao longo deste muro homens que transportam toda a espécie de objetos, que o ultrapassam: estatuetas de homens e de animais, de pedra e de madeira, de toda a espécie de lavor; como é natural, dos que os transportam, uns falam, outros seguem calados. [...] se eles fossem capazes de conversar uns com os outros, não te parece que eles julgariam estar a nomear objetos reais, quando designavam o que viam? [...] E se a prisão tivesse também um eco na parede do fundo? Quando algum dos transeuntes falasse, não te parece que eles não julgariam outra coisa, senão que era a voz da sombra que passava? [...] pessoas nessas condições não pensavam que a realidade fosse senão a sombra dos objetos. (Livro VII, p. 210-1)

Acreditar piamente e unicamente em nossos sentidos físicos é viver em constante limitação e restrição. Há um mundo mais rico, mais colorido e mais verdadeiro do que a mera sombra da matéria. A matéria é passageira, é um fenômeno que desaparece no tempo e espaço, porém, apesar de suas limitações, é útil para o treinamento e aprimoramento do espírito, senhor da matéria (e não o contrário). Descartar a existência dele é como uma pessoa que não sabe quem realmente guia o seu destino. É preciso ter em vista que o espírito está matriculado na escola da vida e que esta passa necessariamente pela lição da matéria, e nessa lição é importante dominar a matéria, ser senhor dela e perceber suas limitações como parte fundamental dessa lição e aprendizagem. Muitos conseguem perceber essa limitação, pois guardam certas lembranças de algo que não se lembram direito, mas que ultrapassa o simples mundo material. Essa é a reminiscência de Platão. A transcendência e o progresso do indivíduo são algo inerente e plasmado em nosso ser mais íntimo de tal forma que perceber a vida progredindo é praticamente sinal de felicidade, e estar em um estado de felicidade é estar transcendendo alguma condição inicial que aproxima cada vez mais o indivíduo de sua condição superior. Em outras palavras, de estar mais próximo do reino de Deus, pois, como bem disse Jesus: "O meu reino não é deste mundo" (João 18: 36).

O reino da matéria e o reino do espírito são importantes para o desenvolvimento integral do ser e, assim como ele precisa dominar as leis materiais, também é importante dominar as do espírito. Para Sócrates, a verdadeira liberdade e riqueza estão neste último reino. Nesse caso, ser um homem justo e enobrecido é o melhor preparo que se pode ter ou fazer durante sua passagem pela matéria. Enriquecer a mente com conhecimentos edificantes e iluminar o coração com amor e altruísmo por meio da caridade desinteressada são formas de angariar recursos para uma vida próspera no reino do espírito. Não há acaso, tampouco aleatoriedade, mas ação e reação, trabalho e recompensas, conhecimento e decisão, amor e caridade.

42. A alegoria da renovação

O que aconteceria se eles fossem soltos das cadeias e curados da sua ignorância, para ver se, regressados à sua natureza, as coisas se passavam deste modo. Logo que alguém soltasse um deles, e o forçasse a endireitar-se de repente, a voltar o pescoço, a andar e a olhar para a luz, ao fazer tudo isso, sentiria dor, e o deslumbramento impedi-lo-ia de fixar os objetos cujas sombras via outrora. Que julgas tu que ele dirá, se alguém lhe afirmasse que até então ele só vira coisas vãs, ao passo que agora estava mais perto da realidade e via de verdade, voltado para objetos mais reais? E se ainda, mostrando-lhe cada um desses objetos que passavam, o reforçassem com perguntas a dizer o que era? Não te parece que ele se veria em dificuldades e suporia que os objetos vistos outrora eram mais reais do que os que agora lhe mostravam? (Livro VII, p. 211)

O desencarne é uma viagem obrigatória para quem nasceu e o regresso para a pátria espiritual é um fato certo e inevitável. Todavia, o desenlace da carne não significa necessariamente regresso ao paraíso, pois depende do tipo de vida e daquilo que o indivíduo fez nela. Se na balança do destino ele acertou mais do que errou, então haverá júbilo e festas; caso contrário, haverá a reprovação na lição e a reparação futura. Com a volta à pátria espiritual há um novo olhar sobre aquilo que realmente importa na vida, bem como reflexões profundas sobre o que foi feito dela. Os mais prudentes e avisados procuram, desde logo, repassar essa reflexão ainda em vida, ao cair da tarde no final do dia, para saber o que foi feito de bom, o que foi feito de mal, onde se pode melhorar, e essa é a recomendação pitagórica para que o autoburilamento aconteça ainda em vida. Não é necessário atravessar o rio Aqueronte para cair em si sobre a vida e para buscar a corrigenda do trajeto, pois a luz da caridade e do amor nunca se apaga.

Muitos conseguem entender as lições necessárias por meio de uma intuição mais apurada, do estudo edificante e de boas práticas e rotinas. Além disso, é importante perceber que o indivíduo é responsável pelo seu próprio destino. Não há milagres ou acasos, apenas plantio e colheita.

O plantio do amor entre seus semelhantes;
O plantio de honrar, respeitar e agradecer a seus pais;
O plantio da humildade e do estudo edificante;
O plantio da gentileza, da empatia e do altruísmo;
O plantio da vigilância e da disciplina;
O plantio do perdão e do refazimento;
O plantio da consciência limpa e tranquila;
O plantio do não desperdício de tempo e dos recursos valiosos;
O plantio da moral universal;
Enfim, o plantio da valorização da vida.

É pelo plantio correto que a colheita será abundante.

Sejamos o discípulo adiantado que, mesmo vivendo acorrentado à matéria, consegue superar as lições da carne e arar seu campo para a colheita futura. Sejamos aqueles que tiveram condições de olhar e ver, de orar e trabalhar, de conhecer e difundir as verdades pregadas pelo mestre Jesus, pois a poupança espiritual é importante demais para ser pensada apenas no fim.

43. O aprendiz atento

A educação seria, por conseguinte, a arte desse desejo, a maneira mais fácil e mais eficaz de fazer dar a volta a esse órgão, não a de o fazer obter a visão, pois já a tem, mas, uma vez que ele não está na posição correta e não olha para onde deve, dar-lhe os meios para isso. (Livro VII, p. 214)

Educar corretamente o ser humano é tarefa bendita que faz com que o ser valorize plenamente a vida como um presente de Deus a ser consagrado às atividades que realmente importam e que trazem valor ao longo do tempo. Nas muitas lições deixadas por Jesus, uma delas em especial pode ser de grande utilidade ao aprendiz: a parábola dos talentos. Nela, é contada a história de um senhor-administrador que precisou se ausentar e deixou algumas moedas chamadas de talento a alguns de seus servos. Ao primeiro, deu cinco talentos; ao segundo, dois; e ao último, apenas um único talento. Com o regresso do senhor, foi feito o acerto de contas. Tanto o primeiro quanto o segundo servo conseguiram trabalhar e aplicar com inteligência o talento, dobrando as moedas inicialmente recebidas, o que fez o senhor fica satisfeito. Já aquele que recebeu um único talento não trabalhou ou o aplicou, mas o enterrou na terra e, por isso, não houve rendimentos. O senhor ficou muito decepcionado com este último servo e disse: "Porque a qualquer que tiver será dado, e terá em abundância; mas ao que não tiver até o que tem será tirado" (Mat. 25: 29).

Desse modo, a educação é a competência de saber aproveitar as oportunidades que temos na vida para o crescimento e desenvolvimento pessoal e espiritual. É saber aplicar com inteligência e disciplina o nosso talento e educar-se corretamente para não afundar o nosso talento na Terra, na materialidade do mundo, nas tentações e perdições da carne e da matéria. É saber, por fim, distinguir o que realmente vale o sacrifício daquilo que é simplesmente perda de tempo e energia.

Ademais, uma boa educação permite ao ser humano ter a disciplina de trabalhar de forma constante e sem esmorecer nas boas obras, na caridade, no amor ao próximo, no acendimento das luzes interiores, na inteligência, na intuição e no conhecimento. Por outro lado, uma má educação faz com que o indivíduo se perca no mundo e não tenha condições de multiplicar seus talentos.

No final da vida, cada qual será chamado pelo Senhor, e deveremos mostrar o que fizemos com os nossos talentos originais. A educação, portanto, é saber se preparar para esse fatídico momento. Para o homem justo, enobrecido e educado: "Mas felizes são os olhos de vocês, porque veem; e os ouvidos de vocês, porque ouvem" (Mat. 13: 16).

44. Educação ascensional

Se desde a infância, se operasse logo uma alma com tal natureza, cortando essa espécie de pesos de chumbo, que são da família do mutável e que, pela sua inclinação para a comida e os prazeres similares e gulodices, voltam a vista da alma para baixo; se, liberta desses pesos, se voltasse para a verdade, também ela a veria nesses mesmos homens, com a maior clareza, tal como agora vê aquilo para que está voltada. (Livro VII, p. 214)

A educação inicial vinda da família e de seus valores e princípios de vida é aspecto que pode facilitar ao indivíduo voltar seu coração para os desejos e tentações da Terra ou aos anseios mais altos vindos do espírito e de Deus. Aqueles que têm seu coração e pensamento voltados aos desfrutes materiais e aos prazeres mutáveis da Terra certamente perderão tempo e desperdiçarão recursos valiosos no acendimento das luzes internas e na busca pelo enobrecimento do espírito, pois são seres que acreditam que a Terra é um paraíso de férias, onde o prazer e a liberdade se misturam em fórmulas tóxicas e a consciência se mantém alheia à própria responsabilidade. Caso aconteça algo de ruim resultante de seus próprios atos, agem como uma criança pequena: choram e resmungam da injustiça divina, mas não percebem que a grandiosidade de Deus e do Universo é dar a liberdade com responsabilidade para cada um de nós, seja para cavar o próprio buraco, seja para construir a montanha que se eleva. Todavia, não foi sem instruções, lições, conselhos e protetores que partimos para a missão na Terra. A providência divina é farta, mas as imprudências e insensibilidades humanas para reconhecer o caminho certo também são. Muitos espíritos avançados foram enviados para dar lições sobre a vida, seja no Oriente ou no Ocidente, e Jesus foi aquele que melhor transmitiu a mensagem, principalmente de forma simples e sem rodeio. Como afirmado em Mateus 18: 21-22, "Perdoai setenta vezes sete seus inimigos e amai-vos uns aos outros". Não há nada mais simples e mais direto.

Essas são lições valiosas que merecem ser dignificadas por meio da atenção no cotidiano, na gentileza dos atos e na prudência nos pensamentos. Para as pessoas que possuem mente e coração voltados aos tesouros imateriais e suprassensíveis do alto, viver sob os designíos de Cristo é uma tarefa que propicia, ao mesmo tempo, sacrifício e benção, dever e prazer, consciência e automatismo para fazer o bem e combater o mal. São esses os tesouros imutáveis e atemporais que farão com que o indivíduo acumule riquezas de qualidades diferentes daquelas que estamos acostumados a ver com os olhos carnais aqui na Terra.

Portanto, sejamos como o indivíduo bem nascido e criado, que busca os verdadeiros tesouros, e tenhamos na Terra apenas o meio para o alcance dos nossos verdadeiros fins.

45. Aprendizagem valiosa

Se o que ela obriga a contemplar é a essência convém-nos; se é o mutável, não nos convém. (Livro VII, p. 223)

Se a educação, por meio dos estudos da razão e da vontade da alma, faz com que o indivíduo se volte para aquilo que é essencial e imutável, pode-se dizer que é uma boa educação. A razão, portanto, não deve ser contrária às belezas intrínsecas do suprassensível. É a secura do materialismo que empobrece a razão, tornando-a fria, calculista e pobre, sem o fim de transcender e superar a própria matéria. Muitos cientistas modernos, apesar das brilhantes carreiras, não conseguiram superar as limitações da matéria, tornando seus trabalhos pequenos diante de uma verdade maior. Por outro lado, a busca pelo essencial e imutável faz com que se aproximem as obras dos seres com as do próprio Universo e as de Deus, pois há uma necessidade de transcender as limitações físicas da matéria e da própria limitação da vida carnal para algo mais grandioso e atemporal, fruto da vontade humana de se divinizar e de construir uma vida semelhante a uma verdadeira obra de arte.

A busca pelo essencial e imutável, no entanto, faz com que não prestemos muita atenção às ciladas e armadilhas dos prazeres da carne. Diante disso, devemos sempre lembrar que é necessário viver na matéria, e não para ela. O essencial e imutável está além da matéria, no mundo suprassensível, no mundo espiritual, porém, precisamos angariar e construir nossas competências e riquezas por meio da matéria, como se estivéssemos em um campo de treinamento e simulação. Devemos viver hoje com os olhos agradecidos pelo presente de poder acender nossas próprias luzes interiores, amor e razão, baseadas em verdade e moral universais. Não nos faltam trabalhos, e o tempo é sempre um recurso escasso nessa empreitada. Por isso, consegue acumular mais quem mais cedo começou na labuta, pois não perder tempo é fundamental, uma vez que ele escorre ligeiramente pela ampulheta da vida. É um grande remorso desperdiçar tempo e recursos preciosos para o acúmulo das luzes interiores que trarão felicidade e amor de forma mais duradoura. Portanto, é pela boa semeadura que vem a boa colheita, e não há nada mais simples e direto que isso. A grandiosidade e complexidade do Universo é regida por leis simples, sendo a de ação e reação talvez a mais importante. Sejamos, então, como o discípulo que teve olhos e ouvidos que viu, escutou e agiu, e não desperdicemos as oportunidades e as dádivas de Deus. Percebe-se o bom aluno nas suas atitudes e ações (Tiag. 2: 26).

46. Considerações

A liberdade em excesso, portanto, não conduz a mais nada que não seja escravatura em excesso, quer para o indivíduo, quer para o Estado. (Livro VIII, p. 262)

Prudência e ponderação são qualidades do ser justo e enobrecido que busca conciliar o imperativo do progresso do espírito com o compromisso assumido de refazimento na Terra. Todo excesso é prejudicial, desde a cabeça nas nuvens que desdenha a tarefa edificadora até a libertinagem e o terrorismo dos sentidos desenfreados. Não há escravatura mais tola do que a do cavalo mandando em seu cavaleiro. De maneira similar é o indivíduo que vive apenas para o hedonismo dos sentidos: a libertinagem aparente se descortina em uma perda de comando e o ser se torna refém de seus vícios. À vista disso, todo vício é lobo em pele de cordeiro, pois aparenta inocência no início e se passa por uma figura ilusória de doce amigo, de algo não perigoso que não traz ameaças. Todavia, quando menos se espera, o falso amigo apresenta suas garras e seu real objetivo, privando o indivíduo de sua vontade e decisão próprias. Como consequência, o indivíduo torna-se uma marionete para satisfazer seu novo senhor. É uma briga hercúlea recuperar, posteriormente, o poder de uma ditadura, pois é necessário perceber a perda de controle da vida e o renascer da vontade e das forças para subjugar o tirano.

Vícios como a bebida, o sexo e as drogas podem estragar toda uma vida e ainda deixar dívidas futuras que atrasarão ainda mais o plano de desenvolvimento. Assim como há herança antes do berço, também haverá depois do túmulo se evitarmos as dívidas. Felizes são, por isso, aqueles que partem dessa vida com a dívida quitada e aqueles cujo carma já não é mais de cobrança, mas de recebimento e ajuda. Sábias são as palavras de Sócrates, que percebe que o caminho da moderação e do evitamento dos excessos torna o ser mais consciente e capaz de evitar os lobos em pele de cordeiros.

É vital se afastar do excesso. Portanto, se tenho fome, preciso evitar comer demais para não prejudicar minha saúde; se tenho cansaço, preciso evitar a preguiça para não atrapalhar minha aprendizagem; se tenho aborrecimento, preciso evitar as drogas para não prejudicar minha independência; se tenho sede, preciso evitar a bebedeira para não corromper minha consciência; se tenho vitórias, preciso evitar o orgulho para não me afastar dos necessitados; e se tenho riquezas, preciso evitar a vaidade para não me deixar perder no egoísmo.

Portanto, cuidado com o excesso de liberdade, pois toda ação tem uma reação e a cada movimento podemos estar indo em direção da paz e felicidade sustentáveis ou não. Inicialmente, devemos perceber nossa responsabilidade pela caminhada e também pelos seus resultados. Entre os doentes e necessitados, sejamos como aqueles que estão saudáveis e que podem e querem ajudar. "Não amemos de palavra, nem de língua, mas por obras e em verdade" (1 João 3: 18).

47. Amores

Acaso não é por este motivo que há muito se chama tirano a Eros? (Livro IX, p. 271)

Na Grécia Antiga havia quatro palavras diferentes para representar o amor: a primeira era *philia*, que designava a amizade, o bem-querer entre amigos e pessoas que compartilhavam algo em comum; a segunda, *storge*, que representava o amor fraternal que nasce naturalmente entre os membros de uma família, como, por exemplo, o amor entre mãe e filho, entre irmãos, etc.; a terceira, *ágape*, era o amor incondicional entre o ser e Deus e que se manifesta por meio da vontade e ação na realização de ações em direção ao divino. Para muitos, representava o amor maior sobre o qual os homens deveriam balizar suas vidas; e, por último, a quarta, *eros*, que representava o amor romântico e com cunhos sexuais. *Eros* é, por isso, o amor dos apaixonados. Felizes são aqueles que tinham seu amor correspondido, e perdidos são aqueles que se deparavam com impedimentos que tornavam impossível a sua satisfação. Para esses últimos, Eros brincava com os sentimentos do sofredor e fazia com que ele perdesse sua vontade de viver ou sua plenitude da razão. Por isso, pode-se dizer que Eros fazia a pessoa perder a cabeça e o equilíbrio emocional.

Em suma, em um mundo complexo e turbulento, faz-se necessário ter equilíbrio emocional para conseguir superar as tensões e atritos do dia a dia. Além disso, é preciso ter calma para ponderar com moderação e equilíbrio para não se perder na correria, pois a complexidade da vida exige equilíbrio, e Eros, nesse sentido, é o cupido levado que gosta de atirar flechas para que a pessoa se apaixone. Entretanto, não podemos chamar simplesmente de sorte aqueles que se apaixonam por causas, profissões e pessoas voltadas para o bem, o belo e a verdade: é necessária uma predisposição e um preparo, e isso se pode fazer de forma racional e controlada antes mesmo da chegada de Eros. Por isso, ter amor-próprio e respeito pelo próprio ser para fazer esse preparo do terreno é indispensável, pois o amor-próprio afasta-nos dos vícios e das más companhias, e com amor-próprio também se respeita e se trabalha em prol do autoaperfeiçoamento. O enobrecimento do ser embeleza e engrandece a sua alma. É necessário primeiro se amar para que se abram as portas do verdadeiro amor.

Assim, apesar de Eros poder ser um tirano, também pode ser um aliado fundamental para viver a vida com alegria, plenitude e satisfação, já que é necessário trabalho e conhecimento, amor-próprio e responsabilidade para não temperar em excesso e pôr a perder todo um projeto de vida.

Eros representa uma das facetas do amor, e todo ser integral precisa ter o amor em suas diferentes facetas e saber atribuir pesos e atividades corretamente em sua vida conforme o próprio estágio dela. O amor é uma grande força da humanidade e, certamente, pode nos fazer muito bem embelezar nossa alma e ajudar a acender nossa luz interior. Devemos, então, aprender a amar corretamente e com responsabilidade, pois se carregamos o amor, é por meio dele que seremos melhores.

48. As boas decisões

Em que devemos basear-nos para julgar bem? Não será na experiência, na vigilância e no raciocínio? (Livro IX, p. 281)

É pelo acúmulo de boas decisões na vida que se angariam valiosos tesouros para subsidiar a nossa felicidade. Todavia, nossa capacidade de tomada de decisão costuma ser bem restrita de acordo com a complexidade da situação, as restrições das informações disponíveis, o tempo limitado, a capacidade cognitiva restrita, etc.

Toda decisão deveria ser temperada com a nossa experiência acumulada ao longo dos anos, pois é necessário viver e aprender. Para tanto, a reflexão e o olhar retrospectivo para ver o que realmente aconteceu de bom, o que aconteceu de ruim e o que se poderia melhorar é fundamental para o acúmulo de aprendizagens. Por conseguinte, sempre é preciso tirar lições da vida para que se possa acumular conhecimento e sabedoria.

Já a vigilância é a capacidade de não ser pego de surpresa e, ainda, de buscar olhar por todos os lados, essencial para atingir a verdade ampla, de extrema importância, e não a pequena e parcial. A verdade maior é algo que precisa ser investigado, buscado até mesmo contra suas próprias emoções e expectativas iniciais, então é preciso ser um detetive da verdade e não um advogado de uma das partes. Ter uma mente aberta e curiosa é fundamental para essa empreitada.

Por fim, o raciocínio deveria ser a parte mais fácil, mas muitas vezes não é esse o caso. Faz-se necessário, portanto, treinar o raciocínio para que não tenha falhas e não deixe contradições. A razão é fortalecida pela leitura edificante, pelo conhecimento amplo e profundo, que vem por meio de livros e estudos, e pelas reflexões e contemplações das ações passadas com os diálogos construtivos. É preciso que o raciocínio seja balizado por algo superior ao próprio indivíduo para que ele não cometa injustiças. Uma razão bem-feita tem um caráter universal e, se ainda restarem dúvidas, tente se perguntar o seguinte: o que Jesus faria no meu lugar?

Certamente seguir os passos do mestre Nazareno é uma forma de trilhar um caminho seguro para a nossa felicidade.

49. Desafios da felicidade

Se, por conseguinte, é doce encher-se de coisas convenientes à natureza, aquilo que se enche mais realmente e de coisas mais reais, goza mais realmente e mais verdadeiramente do verdadeiro prazer; ao passo que o que participa de coisas menos reais se enche de uma maneira menos verdadeira e mais sólida, e é dotado de um prazer menos seguro e menos verdadeiro. (Livro IX, p. 286)

É preciso sabedoria e virtude para vencer os obstáculos e as falsas promessas de felicidade embaladas em doces tentações da matéria. Muitos enchem os olhos de esperança e de voos mais altos do espírito, mas ainda permanecem chumbados aos prazeres e delinquências das sensações da carne. Poucos têm a coragem de estabelecer um projeto de vida de reerguimento e de busca de searas mais nobres e, menos ainda, de manter a disciplina de uma rotina ao longo do tempo para executar seu projeto. São necessárias a disciplina e a aprendizagem ao longo do caminho para que o processo de transformação do eu interior se leve a cabo, além de tempo, trabalho, caridade e amor para que o casulo do homem se transforme em um ser enobrecido e com capacidade de se elevar pelas suas próprias forças e obras.

Uma rotina não significa transformação imediata do ser, mas o acúmulo de pequenas vitórias, pequenas peças de conhecimento e mais acertos do que erros na caminhada, que exige tanto transformação interior como exterior. Por um lado, a transformação interior ocorre por meio da reflexão, do autoburilamento e do acendimento das luzes internas do conhecimento e do coração, portanto, é necessário que se combata o orgulho e a vaidade; por outro, a transformação exterior ocorre pelo calejamento das mãos na caridade e dos pés nos trilhos dos mais necessitados. Esses dois mundos estão ligados principalmente pela comunicação da mente consigo mesma: os pensamentos constroem cenários e apoiam ou recriminam o ser e a comunicação da boca cria ou destrói relacionamentos. Portanto, língua e pensamento são dois grandes personagens que podem construir pontes para unir os dois mundos. Tenhamos, pois, sabedoria e virtude para domar essas feras e, caso ainda não tenhamos a perfeição nos atos, que tenhamos o bom senso de nos calarmos quando não tivermos nada de bom para falar. Nas palavras do apóstolo Paulo de Tarso: "Sigamos, pois, as coisas que contribuem para a paz e para a edificação de uns para com os outros" (Rom. 14: 19).

50. Prazeres e verdades

Afirmemos confiadamente que também os prazeres referentes ao gosto do lucro e da vitória, seguindo a ciência e a razão, e procurando, em sua companhia, os gozos que o bom senso lhes indica, partilharão dos prazeres mais verdadeiros de que é possível fruir, uma vez que é a verdade que os guia, e dos que lhe são próprios, se efetivamente, o que é melhor para cada coisa é também o que lhe é mais próprio? (Livro IX, p. 287)

Administrar a vida com bom senso é uma maneira prática de equilibrar os perigos da escassez e os do excesso, pois tanto um quanto o outro pode minar a construção de uma felicidade duradoura, sobretudo em termos de dinheiro e lucro, pois ambos representam desafios a mais para combater a vaidade, o orgulho e o egoísmo. Todavia, o recurso financeiro é algo neutro, e seu bom uso dependerá da própria sabedoria e virtude da pessoa: o dinheiro pode comprar tanto a luxúria, o banquete e o raro diamante quanto o remédio para o necessitado, a comida necessária à sobrevivência de alguém sem emprego e o pão diário. Assim, não é o dinheiro em si o vilão, mas o próprio coração e suas intenções. Para quem ainda não acendeu as luzes do coração, o caminho da riqueza pode ser uma trilha demasiadamente difícil de ser superada, pois as perdições são muitas e as tentações são constantes.

Por outro lado, para alguns indivíduos preparados, ter riqueza pode ser a bênção para muitos outros. Aquele que detém a riqueza deve ser grato por tê-la, então a tarefa da doação se faz mais do que obrigatória. Aquele que enriquece para ajudar os outros conseguiu vencer no mundo material e não ficou preso às ilusões dele, diferentemente daquele que amontoa e acumula apenas para si, tal como a água empoçada há tanto tempo que se enlodou e apodreceu. A caridade, dessa forma, pode ser feita por meio do rico dinheiro. Apesar disso, assim como o dinheiro tem diferentes valores, a caridade também tem: fazer a caridade humilhando seu semelhante, por exemplo, tem pouco valor. Por outro lado, grande é aquele que ajuda sem humilhar, reerguendo a dignidade do outro ao mesmo tempo.

Ademais, ajudar pouco e ajudar muito são coisas diferentes, assim como fazer a caridade sem amor é diferente de fazê-la com amor – certamente esta última é mais valiosa. Dar do excesso e dar do pouco também são distintos. Trata-se da passagem do óbolo da viúva observada pelo mestre Nazareno: "Afirmo-lhes que esta viúva pobre colocou mais do que todos os outros. Todos esses deram do que lhes sobrava; mas ela, da sua pobreza, deu tudo o que possuía para viver" (Lucas 21: 3-4). Dar da abundância tem peso diferente de dar do seu próprio sustento. Toda caridade tem seu valor, mas nem todas são iguais. Aprendamos, pois, a diferenciar e a apreciar os diferentes matizes das flores da caridade sem esquecer do nosso próprio jardim.

51. Digna honestidade

Meu caro, não diremos que a distinção legal entre a honestidade e a desonestidade tem a sua origem nos seguintes fatos: a honestidade submete a parte animalesca da nossa natureza à parte humana, ou, talvez melhor ainda, à divina, ao passo que a desonestidade escraviza a parte domesticada à selvagem? (Livro IX, p. 290)

A palavra honestidade vem do latim *honos* e está relacionada à honra e à própria dignidade. Assim, honra a si próprio e aos demais o ser que consegue subjugar seus desejos e prazeres materiais em detrimento da razão superior e de suas virtudes. Ser honesto é muito mais do que não roubar ou mentir: é manter-se digno e enobrecido frente às dificuldades do mundo material e disciplinado para com as aprendizagens necessárias para o aperfeiçoamento do ser. O ser honesto busca manter-se alinhado com uma moral universal e superior ao seu tempo, pois, para integrar-se a Deus, é necessário ultrapassar as próprias limitações daquilo que é considerado válido ou valorizado em seu próprio contexto. É pela revolução interna, pessoal, que chegamos a nos unificar com o nosso eu verdadeiro e com o mundo superior.

A honestidade é o compromisso da pessoa consigo mesma, é não se trair e não decepcionar seus compromissos de aperfeiçoamento e refazimento, de trabalho e de perdão. Todavia, apenas podem ser honestos consigo mesmos e para com os outros aqueles indivíduos que já se libertaram da tirania da matéria e conseguiram domesticar seus impulsos e desejos materiais. Com a honestidade, é possível estabelecer a construção da ponte entre o ser humano e o ser superior. Por outro lado, aquele que coloca o seu lado animal acima do humano ainda não está preparado para ares mais sublimes e divinos.

A busca pela satisfação dos desejos materiais só leva a mais desejos, tão infindáveis quanto um poço sem fundo cada vez mais exigente e de difícil satisfação. A desonestidade, por exemplo, é um sentimento para si mesmo e é sentido pela infelicidade e constante insatisfação. Ser desonesto representa afastar-se do caminho certo e da navegação em águas de progresso, e as tempestades fazem parte do caminho da desonestidade, pois quem está no comando não é a razão, tampouco as virtudes. Desse modo, devemos aprender a ser honrados e dignos para termos condições de buscar a verdadeira e duradoura felicidade. Conquistemos primeiro nosso mundo interior para depois ganharmos o mundo inteiro. Nas sábias recomendações de Paulo de Tarso: "Não useis, porém, da liberdade para dar ocasião à carne, mas servi-vos uns aos outros pela caridade" (Gál. 5: 13).

52. Tesouros eternos

Desse modo que não devemos deixar-nos arrebatar por honrarias, riquezas, nem poder algum, nem mesmo pela poesia, descurando a justiça e as outras virtudes. (Livro X, p. 307)

As maiores riquezas não são materiais, tampouco servem para alimentar nosso ego e vaidade. Ao contrário, as maiores riquezas que se podem acumular nesse mundo são o conhecimento, a verdade maior, a caridade desinteressada, o amor e a proteção à família, o trabalho edificante e, por fim, o enobrecimento do ser e as memórias envolvidas ao longo desse tempo. Muitas são as tentações e os desvios que parecem ser verdadeiros, todavia, é necessário criar uma rotina constante de bons hábitos e virtudes para o cumprimento do projeto de melhorias pessoais. A razão e a moral universal devem ser os nossos guias nessa empreitada que nos leva a uma vida melhor. Devemos também lembrar que não há colheita sem plantação e, para isso, é preciso plantarmos corretamente para não faltar no futuro, tampouco no presente.

Viver na riqueza em Cristo passa longe do imaginário popular da riqueza monetária, entretanto, não podemos negar esta como uma possível ajudante daquela. É necessário, primeiro, assegurar o mínimo para viver uma vida digna e distribuir o excesso por meio da caridade, e não somente da caridade monetária, mas daquela que visa ajudar aos que ainda não acenderam a luz do amor do coração. Talvez seja essa a porta inicial e não a derradeira. Viver em Cristo representa muito mais distribuir obras com amor e palavras gentis do que simplesmente a moeda fria ou a palavra vã e estéril.

Dito de outra forma, a verdadeira riqueza não é obtida apenas por meios materiais, mas também pela retribuição de uma gratidão pura, ingênua e verdadeira, bem como pelo testemunho desinteressado de terceiros sobre o nosso ser quando já não mais estivermos nessa vida. A verdadeira riqueza não é desse mundo, mas isso não significa que devemos nos isolar em uma torre de marfim. O “livrai--nos do mal” da oração dominical não significa nos afastar de quem precisa, pelo contrário: devemos ter justiça e virtudes, razão e amor, conhecimento e fé, trabalho e estudo para angariarmos fundos para a nossa riqueza na redenção.

53. Enobrecimento do ser

Que tudo o que destrói e corrompe é mau, ao passo que o que salva e preserva é bom. (Livro X, p. 308)

Tudo que é vicioso e mau chumba o indivíduo às correntes pesadas da Terra. Por isso é preciso saber controlar os desejos materiais e os impulsos menos nobres que ainda fazem parte de nosso ser. Além disso, é preciso ser aquele que ora e vigia, pois as tentações são muitas, e, por isso, são necessárias a justiça e as virtudes que dão polidez à inteligência e ao amor. Lembre-se: "Faças aos outros apenas aquilo que gostariam que fizessem para ti". Enobrecer o ser é buscar aquilo que é bom, belo, verdadeiro e grandioso.

O bom é aquilo que faz bem para si e para os outros, principalmente. É, em outras palavras, ser o bom samaritano, o que recebeu as moedas do talento, as multiplicou e as doou para o bem do necessitado. Portanto, para ser bom, é preciso ser desapegado, e a humildade é necessária para tornar o imperfeito, perfeito. O belo é a busca da perfeição e da apuração do gosto, é ultrapassar a simples passagem do fenômeno para a construção de algo que pode ser chamado de verdadeira obra de arte, isto é, o trabalho de um gênio que agrada aos críticos atemporais e com gostos universais.

A verdade, ou verdade maior, é aquela que não está restrita às nossas ilusões e desejos pessoais, tampouco é uma verdade parcial. A verdade maior é aquela relacionada ao conhecimento verdadeiro, que temos enquanto seres, e aos mistérios do Universo, aos quais ainda não temos acesso. Por fim, a grandeza é a aspiração pelo desenvolvimento, progresso e transcendência. Grandeza significa não se contentar com pouco e de ter a coragem de se desafiar, de vencer os próprios medos e vícios e sair da zona de conforto para a busca e a concretização do projeto pessoal de melhorias. Por sua vez, buscar a grandeza é, ao mesmo tempo, a vontade de querer aprender e corrigir seus erros passados e a atitude de não querer parar e estagnar-se. É, em outras palavras, ser melhor no presente do que no passado, pois a perfectibilidade do ser é o caminho.

A busca equilibrada por esses objetivos torna mais suave a caminhada, pois o avanço em uma área facilita o desenvolvimento nas outras. Além disso, as competências pessoais desenvolvidas vão sendo utilizadas independentemente da área. Essas lições da vida parecem, a princípio, difíceis e aborrecedoras, porém, para os alunos mais avançados, o jogo se torna mais desafiante e emocionante, de forma que as lições de vida se tornam verdadeiras obras de arte de jogadores profissionais que conseguem vencer os desafios com criatividade e experiência, razão e disciplina, sacrifício e amor.

54. Escolhas

É isso que é preciso escutar, para que cada um receba exatamente aquilo que, por força da argumentação, lhe é devido. (Livro X, p. 373)

A plantação é sempre livre, mas a colheita é obrigatória. Na escola da vida, o livre-arbítrio não significa viver sem responsabilidades, mas o oposto: livre-arbítrio e responsabilidade caminham de mãos dadas como os lados de uma mesma moeda. Para o crescimento da inteligência, da maturidade e das obras do filho, o Pai deu-lhe a lição de ser livre e responsável e, ao mesmo tempo, deu-lhe a saída do paraíso, não como punição, mas como oportunidade de crescimento. Se houvesse apenas liberdade sem responsabilidade, não haveria crescimento, tampouco estagnação, mas sim a indubitável degradação do próprio ser.

Já liberdade de escolha e responsabilidade pelos atos significa que o indivíduo, pelas suas próprias escolhas e obras, será autor e beneficiário. Ele pode escolher qual caminho seguir e quais resultados pretende obter, fazendo com que a felicidade ou infelicidade dependam apenas do próprio indivíduo. É como dizer, metaforicamente, que cada um comerá aquilo que cozinhar ou que decidirá em qual lado puxará a corda da balança atada a ele. Para cada ação haverá uma reação, e para cada reação ruim haverá um débito a ser saldado. Na balança do destino e na lógica do livre-arbítrio é preciso sempre ter mais créditos do que débitos, ambos partes de pares que necessitam da existência um do outro: ação e reação, liberdade e responsabilidade, créditos e débitos, plantação e colheita. Os indivíduos ainda infantilizados não compreendem a necessidade de equilibrá-los e choram, berram e esperneiam para receber mais, o que faz com que Deus precise ser o Pai que tudo oferece. Por outro lado, os indivíduos mais adultos já percebem que as regras do jogo não consistem na busca por direitos, mas no cumprimento dos deveres e das lições de casa para que as recompensas venham naturalmente.

Ressaltamos mais uma vez que é preciso plantar corretamente, trabalhar a aragem, escolher com sabedoria as sementes, adubar com amor a plantação e ter cuidado para que as ervas daninhas não tomem conta da plantação para, enfim, ter uma boa colheita. Temos o livre-arbítrio e, portanto, somos livres para decidir o que queremos ser e onde queremos chegar. Grande é o indivíduo que já entendeu as regras, mas maior é aquele que já as internalizou e venceu por meio delas. "Assim resplandeça a vossa luz diante dos homens, para que vejam as vossas boas obras e glorifiquem a vosso Pai que está no céu" (Mat. 5: 16).

55. Consequências

A responsabilidade é de quem escolhe. (Livro X, p. 376)

Ser responsável por seus próprios atos é peça fundamental para o projeto de desenvolvimento do ser, que comporta a busca pela maturidade e pelas ações que ajuízam seu compromisso com o progresso individual e do Universo e a resposta ao chamado de Deus. A liberdade do livre-arbítrio clama pela responsabilidade para que o indivíduo tenha condições de amadurecimento, pois ser responsável pelos próprios atos e pelas próprias escolhas torna imperativo que o indivíduo aprenda as lições para desenvolver sua inteligência, razão superior, intuição e conhecimentos, elementos que capacitam o indivíduo a ter condições de boas decisões. Todavia, sem altruísmo, prudência e outras virtudes que enobrecem o caráter do ser, ainda há muitos perigos ao tomar as decisões corretamente. Portanto, é preciso buscar o equilíbrio entre razão e amor, inteligência racional e inteligência emocional, passado, presente e futuro para que se decida de forma justa e correta.

Sócrates sempre destacou o ser justo e enobrecido como o modelo de homem, pois certamente sabia da exigência da responsabilidade e da colheita. É necessário perceber que o indivíduo está matriculado na escola da vida e que a primeira lição é perceber a responsabilidade, que o torna protagonista a depender de sua resposta ou da reação de suas ações. Essa é a origem etimológica da palavra responsabilidade: o ser que responde por seus atos, uma simples regra da qual, infelizmente, poucos se apercebem. Muitos clamam por milagres, mas não abandonam as obras tortas, os vícios e as atitudes impuras, querem saúde, mas corrompem o próprio corpo com viciações imprudentes, e buscam riquezas materiais, mas apenas para satisfazer seu egoísmo e as tentações da vaidade e do orgulho.

Em suma, não há milagres, acaso, esquecimento de dívidas e azar, mas sim merecimentos, providência, pagamento e resgate. É preciso perceber que o mundo complexo gira por simples regras, sendo uma delas: "a responsabilidade é de quem escolhe". Portanto, sigamos as sábias palavras de Paulo de Tarso: "Não importa o que aconteça, exerçam a sua cidadania de maneira digna do evangelho de Cristo, para que assim, quer eu vá e os veja, quer apenas ouça a seu respeito em minha ausência, fique eu sabendo que vocês permanecem firmes num só espírito, lutando unânimes pela fé evangélica" (Fil. 1: 27).

Referências

A BÍBLIA SAGRADA. *Almeida Corrigida Fiel.* Disponível em: www.bibliaonline.com.br.

PLATÃO. *A República.* Trad. Pietro Nassetti. Porto Alegre: Martin Claret: 2002.

Esta obra foi composta em sistema CTcP
Capa: Supremo 250 g – Miolo: Book Ivory Slim 65 g
Impressão e acabamento
Gráfica e Editora Santuário